Rolf Rose   Die sieben Säulen der Weisheit   The seven pillars of wisdom

Rolf Rose

Die sieben Säulen der Weisheit
The seven pillars of wisdom

Levy Galerie, Hamburg

KERBER ART

Impressum / Colophon

Diese Publikation erscheint anlässlich der Ausstellung:
This book was published on the occasion of the
exhibition:

Rolf Rose. Die sieben Säulen der Weisheit
Rolf Rose. The seven pillars of wisdom

26.05. – 10.07.2008
Levy Galerie, Hamburg

Herausgeber / Editor:
Levy Galerie Hamburg
Osterfeldstrasse 6
D-22529 Hamburg
Tel.: +49 40 45 91 88
Fax: +49 40 44 72 25
www.galerie-levy.de

Text:
Rolf Rose
Alexander Sairally

Redaktion / Editing:
Alexander Sairally

Übersetzung / Translations:
Sean Gallagher

Photonachweis / Photo credits:
Dirk Masbaum

Grafische Gestaltung / Graphic design:
Klaus-Peter Plehn, Rolf Rose, Alexander Sairally

Die Deutsche Nationalbibliothek verzeichnet diese
Publikation in der Deutschen Nationalbibliografie;
detaillierte bibliografische Daten sind im Internet
über http://dnb.ddb.de abrufbar./The Deutsche
Bibliothek holds a record of this publication in the
Deutsche Nationalbibliografie;detailed bibliographical
data can be found under:http://dnb.ddb.de

Gesamtherstellung /
Printed and published by
Kerber Verlag, Bielefeld
Windelsbleicher Str. 166-170
33659 Bielefeld
Germany
Tel. +49 (0) 5 21/9 50 08-10
Fax +49 (0) 5 21/9 50 08-88
e-mail: info@kerberverlag.com
www.kerberverlag.com

Kerber, US Distribution
D.A.P., Distributed Art Publishers Inc.
155 Sixth Avenue 2nd Floor
New York, N. Y. 10013
Tel. 001 212 6 27-19 99
Fax 001 212 6 27-94 84

ISBN 978-3-86678-175-7

Printed in Germany

Inhalt / Contents

Hinsehen und Hinhören, Einsehen und Erfahren.

Interview Alexander Sairally und Rolf Rose (April/Mai 2008)

„Sinne und Leidenschaften reden und verstehen nichts als Bilder.
In Bildern besteht der ganze Besitz menschlicher Erkenntnis und Glückseligkeit."
Johann Georg Hamann, aus: Aestethika in Nuce, 1762

Alexander Sairally:
Deine siebenteilige Arbeit *The seven pillars of wisdom* (Die sieben Säulen der Weisheit) von
2002 wird in der Galerie Levy zum ersten Mal der Öffentlichkeit vorgestellt. Dieses Werk
gibt nicht nur der Ausstellung den Titel, sondern sie besitzt auch eine Scharnierfunktion zwischen deinen frühen Arbeiten, wie z.B. *Lütjenwestedt* (1976–95) und *Flügel, grau* (1987)
und den aktuellen Bildern.

Ich möchte zunächst auf den Titel eingehen. Er stammt aus dem Alten Testament und
bezieht sich auf Salomos ersten Spruch im 9. Kapitel: *„Die Weisheit baute ihr Haus und
hieb sieben Säulen"*. Diesen Spruch hat dann Lawrence von Arabien in veränderter Form als
Titel für ein geplantes Buchprojekt übernommen, das von sieben antiken Städten im Nahen
Osten handeln sollte. Spielt der Titel mit dieser Konnotation oder diente er dir als beschrei-
bendes Konstrukt der Werkserie? Ist dieser vielleicht auch eine Metapher für deine Gefühle
beim Malen dieser Bilder gewesen?

Rolf Rose:
Der Titel war ursprünglich nur eine Orientierungshilfe im sprachlichen Umgang. Mit der
Zeit, merkwürdigerweise, verselbständigte sich der Begriff und gewann seine eigene hinter-
gründige Bedeutung. Aus einem primär einfachen ja etwas leichtfertigen Wiedererkennens
Übereinkommen wurde etwas Unerklärliches, nahezu mystisches Schwergewicht. Wenn ich
richtig vermute, hängt die Zahl sieben in Verbindung mit den ominösen Säulen der Weisheit
mit den Apostelgeschichten der Bibel zusammen.

Der Bezug zu Lawrence von Arabien ist ein total hergeholter. Als feststand, dass ich
davon nicht mehr loskam, habe ich seine Geschichte rekapituliert, dass er als britischer Mili-
tärberater der Araber (Geheimdienst) in ihrem Kampf gegen die Türkenherrschaft auf der
saudischen Halbinsel tätig war. Es waren seine Fähigkeiten im Ertragen der ungeheuren
Strapazen der wochenlangen Kamelritte, seine Gefangennahme und Vergewaltigung durch
einen feindlichen Herrscher und späte Einsicht in die Nutzlosigkeit seines Tuns, die die Welt
faszinierte. Schließlich seine Rückkehr in untergeordneter Stellung in die militärische Pro-
vinz und der Tod durch einen Motorradunfall.

AS:
Beim Betrachten dieses Werkkomplexes kommt einem, ob man will oder nicht, der Werkzy-
klus *The Stations of the Cross: Lema Sabachthani* von Barnett Newman in den Sinn. Dass du
sein Werk kennst und rezipiert hast, muss nicht ausführlich diskutiert werden. Du hast die
Auseinandersetzung mit seinem Hauptwerk gesucht und deinen eigenen künstlerischen
Weg gefunden. War Barnett Newman ein Anreger für dich?

Look and listen, see and learn.

Interview between Alexander Sairally and Rolf Rose (April/May 2008)

"Senses and passions speak and understand nothing but images.
In images exists the entire reservoir of human knowledge and bliss."
Johann Georg Hamann, from: Aestethika in Nuce, 1762

Alexander Sairally:
Your seven-part work *The seven pillars of wisdom* of 2002 will be presented for the first time to the public in the Galerie Levy. This work not only gives the exhibition its title, but also functions as a linchpin between your current paintings and early works such as *Lütjenwestedt* (1976–95) and *Flügel, grau* [Wings, grey] (1987).

First I'd like to ask about the title. It comes from the Old Testament and refers to Solomon's first saying in the ninth chapter: *"Wisdom hath builded her house, she hath hewn out her seven pillars."* Lawrence of Arabia then adopted a modified form of this saying as his title for a planned book project, which was to deal with seven ancient cities in the Near East. Does the title play upon this connotation, or are you using it as a descriptive construct for the series? Is it perhaps also a metaphor for your feelings while you were painting these pictures?

Rolf Rose:
The title was originally only an orientation guide for dealing with it in words. Over time, oddly enough, the concept became independent and gained its own cryptic meaning. Out of an initially simple and even somewhat flippant convention of recognition something inexplicable arose, an almost mystical accent. If I am correct in my assumptions the number seven is associated, in relation to the ominous pillars of wisdom, with the biblical Acts of the Apostles.

The reference to Lawrence of Arabia is very fanciful. When I realized I could no longer get away from it, I recapitulated his story – that he was employed as a British armed forces adviser to the Arabs (secret service) in their fight against Turkish rule on the Saudi Arabian peninsula. What fascinated the world was his ability to endure the enormous hardships of riding camels for weeks on end, his capture and rape by an enemy ruler, and late insights into the futility of his actions. At the end was his return to a menial position in a military backwater and his death in a motorcycle accident.

AS:
When viewing this series of works one is reminded, whether one wishes it or not, of the cycle of works *The Stations of the Cross: Lema Sabachthani* by Barnett Newman. That you are aware of and have adapted his work is not something that must be discussed at great length. You have carefully studied his major works and have found your own artistic path. Was Barnett Newman an inspiration to you?

RR:

Der sehr vordergründige Bezug zum Werk von Barnett Newman ist da und er ist auch nicht da. Es wäre ungeheuer vermessen, dies sublim Große auch nur anzustreben. Der Bezug zu Barnett Newman ist annähernd gegeben durch bestimmte formale Vorgehensweise, betreffend Reihung, Abläufe von links nach rechts, Aufteilung der Leinwandfläche durch Teilungen usw. Diese wirklich sehr einfachen formalen Findungen stehen ja nun wirklich jedermann offen da sie ja schon fast wieder anonym sind. Doch sind meine Bilder natürlich und selbstverständlich auch Huldigungsbilder, auch wenn ich den kunsthistorischen Steinbruch der Newmanschen Bilder etwas ausgenutzt habe, so glaube ich doch, ist etwas durchaus Eigenständiges daraus entstanden.

AS:

Ich erlebe deine Kunst als eine sehr Kontemplative, Facettenreiche und Qualitätsvolle. Es sind stille Arbeiten, für deren Wahrnehmung man Zeit braucht, die einem dann aber als Geschenk eine existenzialistische Weitung erleben lassen. Es ist eine Kunst der Erforschung und Gestaltung innerer Vorstellungen und Strukturen. In diesem Sinne sind deine Kunstwerke nicht einfach zu konsumieren wie eine bloße Kulturware, sondern sie verlangen nach Anerkennung, die sich jeder Betrachter erarbeiten muss. Zielen deine Arbeiten auf Metaphysisches und wie stehst du zum Begriff der Schönheit/Erhabenheit in deinem Werk?

RR:

Beide Fragen, die nach dem Metaphysischen und die nach der Schönheit in den Bildern sind schwer zu beantworten. Denn beide Begriffe entziehen sich dem direkten Zugriff. Wenn man sie angeht, und das sollte man immer tun, so werden sie sich nie einfangen lassen, aber sie werden immer im Hintergrund vorhanden sein. Beides, das Metaphysische und die Schönheit sind verborgene Existenzen, die aufscheinen wann immer sie wollen und wie sie wollen, und immer in den überraschendsten Konstellationen. Jedes Auge findet sie in anderen Details.

„P.S.: Ich füge eine Nachschrift hinzu, die erklären soll, wieso ich sage, daß man nicht verzichten darf. Ich meine, glaube ich, daß die Schönheit, die ich, wie Du sagst, manchmal erreiche, nur erreicht wird durch das Versagen, sie zu erreichen; indem man alle Feuersteine aneinander reibt; indem man sich dem stellt, was Demütigung sein muss – den Dingen, die man nicht tun kann – Sich die Schönheit bewusst zum Ziel zu setzen, ohne diesen offensichtlich sinnlosen Kampf, würde, wie ich denke, in kleinen Maßliebchen und Vergissmeinnichts resultieren – einfältigen Lieblichkeiten – wahren Liebesknoten – Aber ich stimme Dir zu, daß man (wir, in unserer Generation) letztendlich auf die Erreichung der größeren Schönheit verzichten muss: der Schönheit, die aus der Vollkommenheit entsteht, in Büchern wie Krieg und Frieden, und Stendhal, nehme ich an, und Teilen von Jane Austen; und Sterne; und ich vermute fast in Proust, von dem ich nur einen Band gelesen habe. Bloß daß ich jetzt, wo ich das geschrieben habe, bezweifle, ob es die Wahrheit ist. Hoffen wir nicht immer? und obwohl wir jedes Mal scheitern, scheitern wir doch sicher nicht so vollständig, wie wir gescheitert wären, wenn wir nicht ursprünglich bereit gewesen wären, das Ganze zu attackieren. Man muss verzichten, wenn das Buch fertig ist; nicht

RR:

A very superficial link to Barnett Newman's work is there, and yet it is also not there. It would be enormously presumptuous even to aspire to such sublime greatness. The link to Barnett Newman is indistinctly present in particular formal approaches pertaining to juxtaposition, sequences from left to right, segmentation of the canvas surface by partitions, and so forth. These very simple formal devices are now truly available for anyone to use, because already they have become almost anonymous again. Yet naturally and self-evidently my pictures are also homages; even though I have exploited the art-historical quarry of Newman's imagery to some extent, I still believe something quite independent has arisen from this.

AS:

I experience your art as very contemplative, multifaceted, and high calibre. They are silent works that require time to be perceived but which then, like a gift, give one a feeling of existential expansion. It is an art of exploring and forming inner ideas and structures. In this sense your artworks are not to be simply consumed like mere cultureware. Instead they demand an appreciation that viewers must cultivate for themselves. Do your works aim for a metaphysical level, and how do you feel about the concepts of beauty and sublimity in your work?

RR:

Both questions – about the metaphysical and about beauty in the paintings – are difficult to answer, for both of these concepts elude being directly addressed. If one tackles them, and one should always do this, they will never allow themselves to be fully captured, but will always be present in the background.

Both of them, the metaphysical and beauty, are hidden entities; they appear whenever and however they want to, and always in the most surprising constellations. Every eye finds them in different details.

"P.S. I shall add a postscript here to explain why I say that one cannot forego them. I think, I believe, that the beauty that I, as you say, sometimes achieve, is only achieved through the failure to achieve it; by rubbing all flints against each other; by facing up to that which must be humiliation – the things one cannot do – consciously setting beauty as a goal, without this obviously senseless fight, would, as I believe, result in cute little daisies and forget-me-nots – simple sweetness – true love knots. Yet I agree with you that one (us, in our generation) must ultimately renounce the achievement of greater beauty: the beauty that arises out of perfection, in books such as War and Peace, and Stendhal, I assume, and parts of Jane Austen; and Sterne; and I almost suspect in Proust, from whom I have only read one volume. Yet now, having written this, I doubt whether it is the truth. Do we not always have hope? And although we fail every time, surely we don't fail as completely as we could have failed, if we had not originally been prepared to attack everything. One must give it up after the book is finished; not before it was begun. Pardon me for boring you further: perhaps you have said nothing of the kind. I only asked myself how it could be, that I, although I sometimes attempt to restrict myself to things that I do well, am always pulled farther and farther

bevor es begonnen wurde. Entschuldige, daß ich Dich weiter langweile: vielleicht hast Du nichts dergleichen gesagt. Ich habe mich nur gefragt, woher es kommt, daß ich, obwohl ich manchmal versuche, mich auf die Dinge zu beschränken, die ich gut tue, immer weiter und weiter gezogen werde, von menschlichen Wesen, denke ich, heraus aus dem kleinen Kreis der Sicherheit, und weiter und weiter, zu den Strudeln; wo ich untergehe."

Virginia Woolf an Gerald Brenan 1922

AS:

In den beiden Bildern *Ohne Titel (rot / ultramarin)* von 1991 und in den aktuellen Arbeiten werden die Phänomene der Unendlichkeit thematisiert. Dafür steht das strukturale Prinzip der Reihung. Die Linie als Grundprinzip für die Arbeit mit dem Material Farbe zeigt sich in diesen Werken als eine unverwechselbare Handschrift. Die monochrome Farbigkeit wird durch die lebendige Oberflächengestaltung der Lineatur bewegt und durch die additive Wiederholung der Linien wird Unendlichkeit suggeriert. Deine heutige Farbpalette mit den rostbraunen *(Cantus firmus I, 2007* und *Cantus firmus III,* 2008) bzw. dunkelziegelroten Farben ist sehr zeitgemäß, aber ich frage mich, ob nicht auch die Verwendung von Acrylfarbe einen wichtigen neuen Schritt gebracht hat. Wie würdest du diesen Ansatz beschreiben?

RR:

Acryl benutze ich jetzt, um diese elendig langen Trocknungszeiten der Ölfarbe zu umgehen. Es hat die Bildoberfläche verändert, weil Acryl härter auftrocknet. Das gefällt mir, auch weil es mehr von heute ist und die Bildoberfläche ergibt einen Eindruck von Schnelligkeit und von größerer Entschiedenheit und Härte. Noch etwas zu den früheren 2 cm Spachtelbildern, das siehst Du ganz richtig. Es sind Ausschnittbilder, sie haben eigentlich keinen Anfang und kein Ende. Die vorhandenen Begrenzungen sind nur praktischer Art, Türrahmenhöhen und die Reichweite der Hand.

Als monochromer Maler habe ich mich nie verstanden. Der Ausschließlichkeitscharakter, dieses monomane Element stört mich. Da alle meine Bilder im Zeit- Raumzusammenhang stehen, eins aus dem anderen hervorgeht, war das jeweils vorherige Bild immer die Hintergrundfolie für das jeweils neue. Das heißt, eins hätte ohne das vorherige nie existiert. So entsteht lebenslang eine Reihe von Bildern aus unterschiedlichen Farben, Formen, Strukturen und Formaten.

AS:

In den jüngsten Bildern findet eine Auseinandersetzung mit dem Weiß statt. Es sind bemerkenswerte Arbeiten entstanden. Diese weißen Bilder treten in einen spannungsvollen Dialog mit dem Licht und bringen es zum leuchten. Was fasziniert dich an dem Weiß?

RR:

Natürlich das Numinose. Weil die Auflösung der Bildoberfläche durch den Spachtel dem Betrachterauge die Farbe zusätzlich entzieht und sich praktisch ein reiner Lichtraum ohne festen Halt ergibt.

AS:

In the two pictures *Ohne Titel (rot / ultramarin)* [Untitled (red / ultramarine)] of 1991 and in
your current work you take the phenomenon of infinity as a theme. Standing for this is the
structural principle of sequencing. Line as a fundamental principle for working with the
material of colour reveals itself in these works as an unmistakably individual trait. The lively
surface design of the lineation animates the monochrome colouration, and the additive
repetition of lines suggests infinity. The colour palette you use today with its russet tones
(Cantus firmus I, 2007 and Cantus firmus III, 2008) and dark brick-red colours is very con-
temporary, but I question whether using acrylic paint didn't also represent an important
new step for you. How would you describe this approach?

RR:

I now use acrylic to avoid the miserably long drying times of oil paint. This has changed the
surface of the paintings, because acrylic dries harder. I like that, and also because it is more
modern and the pictorial surface gives an impression of speed, greater determination, and
rigour. One other thing about the earlier 2-cm palette knife pictures; you are quite correct.
These are excerpt pictures; they actually have no beginning and no end. The boundaries
they contain are only practical ones: the heights of door frames and the reach of the hand.

I have never considered myself a monochrome painter. The character of exclusivity, this
monomaniacal element, disturbs me. Because all of my pictures are linked in time and
space, one proceeds from the other, and each respectively previous painting is always the
background design for the new one. This means that each piece would never have existed
without its predecessor. Thus over the course of my entire life I am creating a series of paintings of various colours, forms, structures, and formats.

AS:

In your latest pictures you are preoccupied with the colour white. You have created remarka-
ble works. These white paintings enter into a captivating dialogue with light, bringing it to
radiance. What fascinates you about white?

RR:

Its numinous quality, naturally. The palette knife's dissolution of the pictorial surface addi-
tionally withholds the colour from the viewer's eyes, and effectively produces a space of
pure light with no firm footing.

AS:

The monochrome paintings draw their liveliness from the relief or structure created by the
coloured material applied with a palette knife. The palette knife appears to be an extension
of your arm. Was this always the case, rather than using a brush as your tool?

AS:

Ihre Lebendigkeit beziehen die monochromen Bilder aus dem Relief bzw. der Struktur des mit einem Spachtel aufgetragenen Farbmaterials. Der Spachtel scheint dein verlängerter Arm zu sein. War dieser von Anfang an, statt eines Pinsels dein Werkzeug?

RR:

Die Benutzung des Spachtels ergab sich von allem Anfang an in meinen Bildern. Es ist mein Werkzeug, meine verlängerte Hand. Seine vordergründig den individuellen Gestus verhindernde Anonymität war mir sofort gemäß.

Das er die chaotische Farbmasse ordnet, in eine Spur brachte, die Farbe kämmte, sie auszog und linear nachvollziehbar machte, sie quasi einschrieb, ist sein ungeheurer Vorteil. Dieses Schreibgerät, die Lesbarkeit seiner Linien, die die Lesbarkeit des Bildes konstituierte, hatte seinen unabdingbaren Reiz. Die Komplexität aller eingeschriebenen Linien, ihre Vielzahl, ergibt das hoch verdichtete, aufgelöste Rätsel des dem Licht zugewandten Bildes, seiner davon abhängigen zurückstrahlenden Oberfläche.

AS:

Deine Bilder bauen sich aus mehreren Farbschichten auf und doch scheint die Oberfläche ihr Geheimnis nicht verraten zu wollen. Ad Reinhard formulierte, dass ein Gemälde fertig sei, „(…) wenn alle Spuren der Mittel verschwunden sind, die verwendet wurden, um zu dem Ergebnis zu gelangen (…)". In deinen Bildern kann der aufmerksame Betrachter jedoch die Schritte nachvollziehen und weiß trotzdem am Ende nicht, wie du das Bild hergestellt hast. Du spielst mit dem Effekt der Verwirrung. Könntest du etwas zum Bedeutungsgehalt deiner Bilder sagen?

RR:

Über die Bedeutung?!
Die Frage nach der Verwendung des Spachtel bringt schon einen Teil des Bedeutungsgehalts der Bilder mit sich. Es sind Hautbilder aber auch Knochenbilder. Sie zeigen gleichzeitig das Obenliegende und das Darunter.

Irgendwann habe ich mir einmal den Begriff Demutsökonomie notiert. Dieser Begriff trägt meine Haltung zur Verfertigung der Bilder perfekt. Das heißt, er impliziert den Versuch mit dem geringst möglichen Aufwand ein Höchstmaß von Verwirrung zu erzielen, von Verwirrung, die ein Höchstmaß von Klarheit und die Vermeidung von Umwegen einschließt. Die Bilder tragen Transparenz und Eintrübung. Das Bild ist immer dazwischen, ihm sind die ablaufenden Prozesse eingeschrieben und es ist sein Farbkörper, der das trägt. Die Bloßlegung und das Reinsehen können sind die Zielsetzung des Bildes und seine angestrebte überraschende Erscheinung und ja doch – seine Epiphanie. Der sich prostituierende Charakter jeder Bildoberfläche wird sich nie verleugnen lassen, auch er ist ihm eingeschrieben in seiner jedermann zugänglichen Offenheit. Was ja mal zu schwerst ikonoklastischen Ausschreitungen geführt hat. Das Spektrum von Möglichkeiten aus Dynamik und Vitalität, aus Verweigerung und dem Ereignis des optischen Glanzes, seine Reichhaltigkeit und seine visuelle Kraft der Unmittelbarkeit bestimmen letztendlich seine virtuelle Kodifizierung und seinen Rang. Denn alle Kunst tobt sich aus im Niemandsland. Sie folgt zwar durchaus natur-

I used the palette knife for my paintings right from the very beginning. It is my tool, an extension of my hand. Its ostensible anonymity that masks individual gesture appealed to me immediately.

The fact that it organizes the chaotic mass of colour, brings it on track, combs through the paint, draws it out making it linearly comprehensible, and thus virtually inscribing it, is its enormous advantage. This writing implement and the readability of its lines, which constitutes the readability of the painting, held an indispensable allure. The complexity of all the inscribed lines and their wide variety yields the highly condensed, resolved puzzle of a picture that addresses itself to light, and the picture's radiantly reflective surface that depends on this correlation.

AS:

Your paintings are built up from several layers of paint, and yet the surface seems not to want to betray its secret. Ad Reinhard once stated that a painting was finished, "(...) when all traces of the means used to bring about the end have disappeared (...)." In your paintings, however, an attentive viewer can follow your steps, yet in the end still would not know how you produced the piece. You play with the effect of mystification. Could you say something about the meaning behind your paintings?

RR:

About the meaning?!
The question about the use of the palette knife already reflects something about the meaning of the paintings. These are skin pictures but also bone pictures. They simultaneously show what lies above, and what below.

At some point I made note of the concept of the economy of humility. This concept perfectly underpins my attitude towards the formulation of paintings. That is, it implies the attempt to use the smallest possible exertion to achieve the highest degree of mystification, and a mystification that encompasses the maximum amount of clarity and the avoidance of detours. The pictures harbour transparency and haziness. The painting is always in-between these things, the running processes are inscribed in it, and its body of paint supports it. The act of uncovering and the ability to look within are the goals of the painting and of its intended surprising appearance, and yes, – its epiphany as well. The self-prostituting character of every pictorial surface can never be denied; it too is inscribed in its openness that is available to everyone. This has also sometimes led to extreme iconoclastic disputes. The spectrum of possibilities made up of dynamics and vitality, from denial and the incidence of visual lustre, from its richness and visual power of directness, are finally what determine its virtual codification and rank. For all art runs riot in no man's land. It follows absolutely scientific laws, to be sure, but at the same time it gets around these, as already mentioned, in order to reach open conclusions that allow new questions.

"We all know that art is not the truth, art is a lie that shows us how to understand truth."
Picasso, 1923

wissenschaftlichen Gesetzen, gleichzeitig jedoch unterläuft sie diese, um wie schon gesagt, zu offenen Enden zu gelangen, die neue Fragen möglich machen.

„Wir alle wissen, daß Kunst nicht Wahrheit ist, Kunst ist eine Lüge, die uns lehrt, die Wahrheit zu begreifen".

Picasso, 1923

Epilog zum Interview.

Alexander Sairally:
Da das Weiß in deinen aktuellen Bildern einen substantiellen Wert einnimmt und du mir den spanischen Lyriker und Künstler Rafael Alberti (1902 – Puerto de Santa Maria – 1999) ans Herz gelegt hast, möchte ich aus seinem Gedicht *Weiß – in dem er* die essentielle Bedeutung dieser Farbe poetisch darstellt - die folgenden Verse zitieren,

I
„Es sprach das Weiß: Ich kann,
glückselig, in allem sein, denn ich bin
das unumgängliche Blut für das wahre
Leuchten des Lichts in den Farben."[1]

XXXII
„Reines absolutes Weiß, gefangen aber
in einem Rechteck, einem Quadrat, in einem Kreis."[2]

Das Gedicht endet mit dem folgenden Vers,

XXXIII
„Denke daran, daß ich auch Rose bin."[3]

Anmerkungen:
1) Rafael Alberti, Weiß, in: Museum der modernen Poesie,
   eingerichtet von Hans Magnus Enzensberger, Frankfurt am Main 1960, S. 271.
2) Ebd., S. 274.
3) Ebd., S. 274.

Epilogue to the interview.

Alexander Sairally:
Because the white in your current paintings is quite significant, and you have recommended
the Spanish poet and artist Rafael Alberti (1902 – Puerto de Santa Maria – 1999) to me, I
would like to quote the following verse from his poem *White* – in which he poetically illu-
strates this colour's essential significance:

I
"White spoke: I can,
be blissful, in everything, for I am
the inevitable blood for the true
radiance of light in the colours."[1]

XXXII
"Pure absolute white, yet caught
in a rectangle, a square, in a circle."[2]

The poem ends with the following verse,

XXXIII
"Think of the fact, that I am also Rose."[3]

Notes:
1) Rafael Alberti, Weiß, in: Museum der modernen Poesie,
   eingerichtet von Hans Magnus Enzensberger, Frankfurt am Main 1960, p. 271.
2) Ibid., p. 274.
3) Ibid., p. 274.

Lütjenwestedt 1976–1995   Öl/Cyanpigment/Sperrholz, 173 x 153 cm

Flügel 1987   Öl/Leinwand, 220 x 200 cm

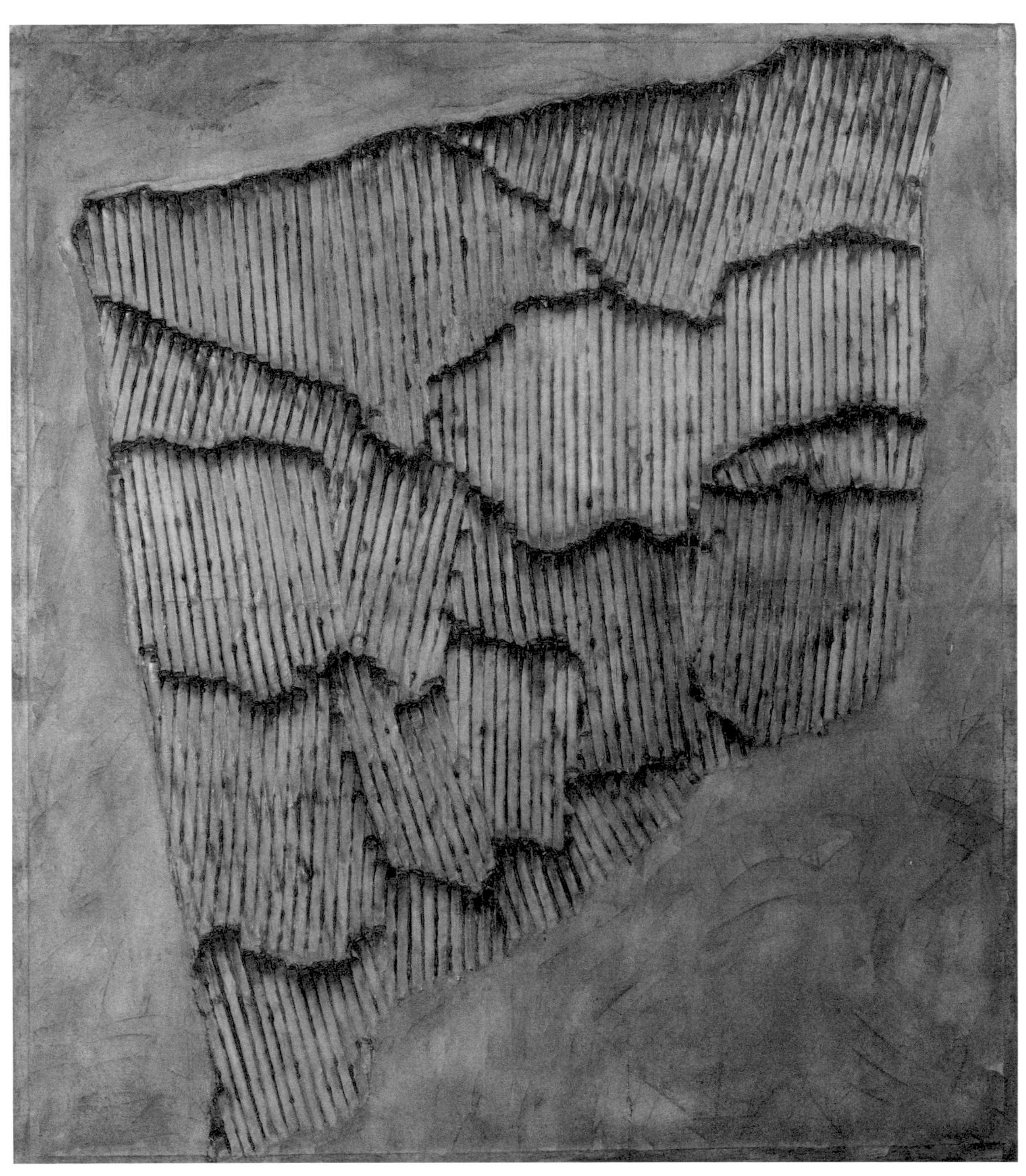

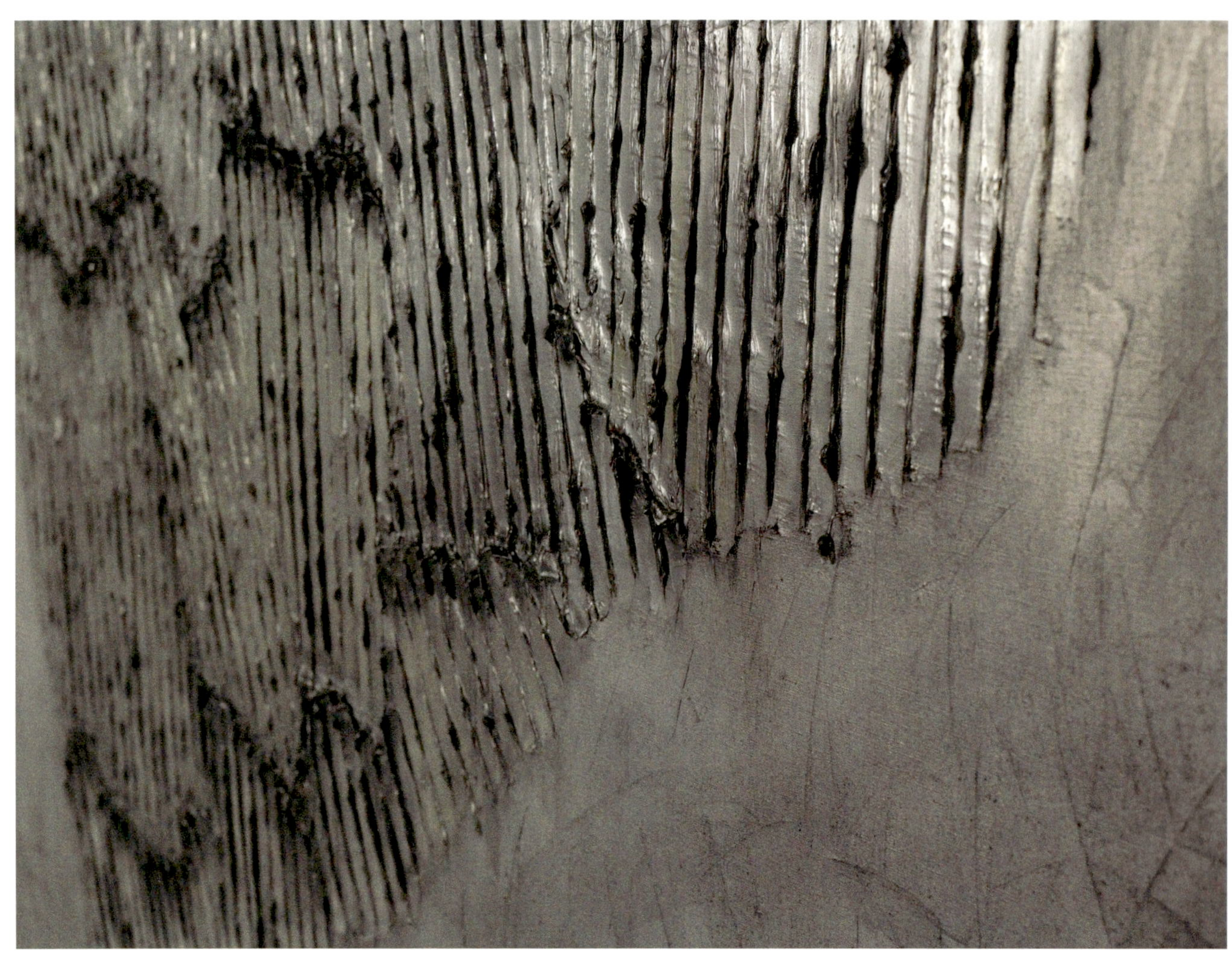

Flügel 1987   Detail

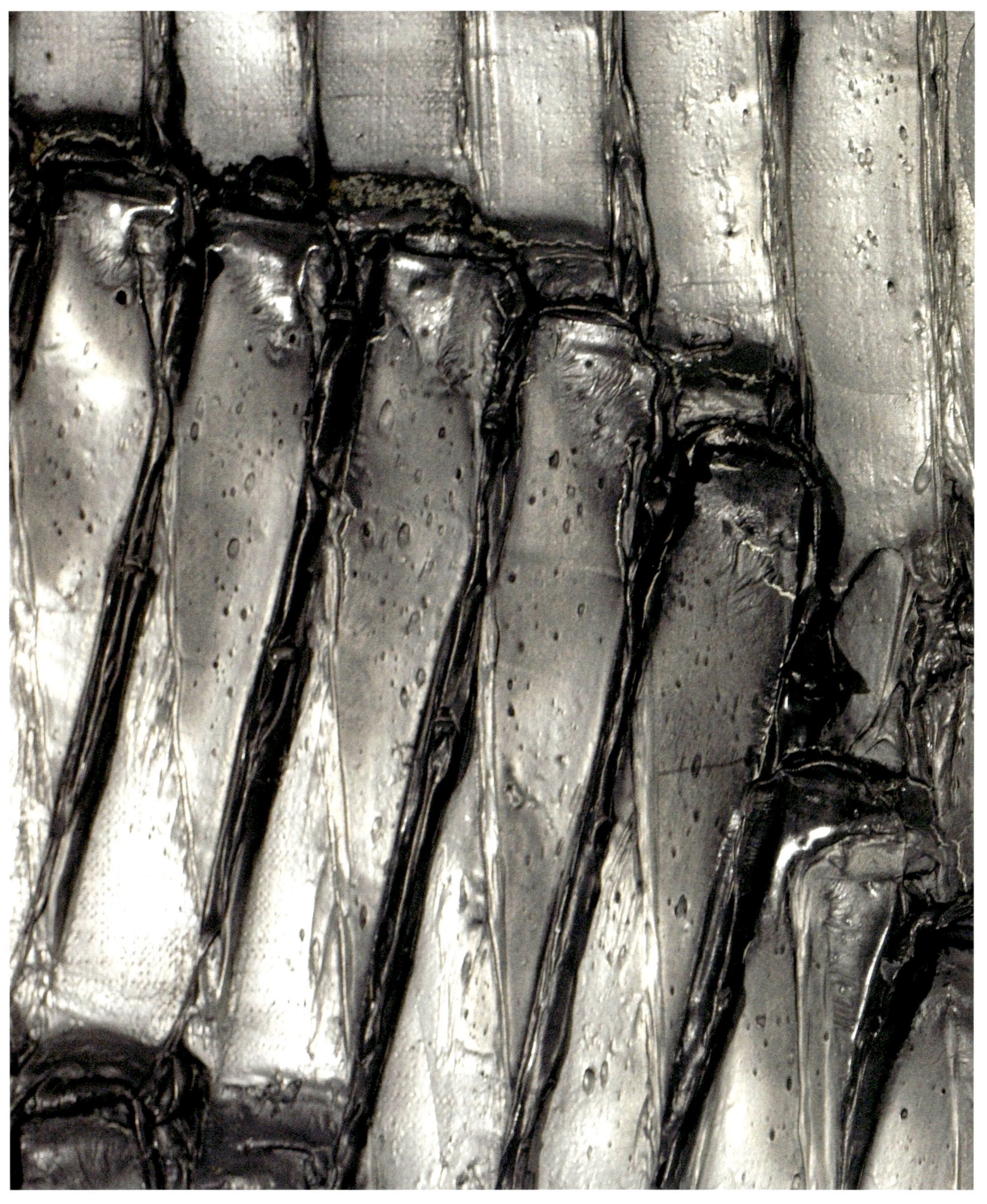

Flügel 1987   Detail

Ohne Titel 1991   Öl/Leinwand, 200 x 250 cm

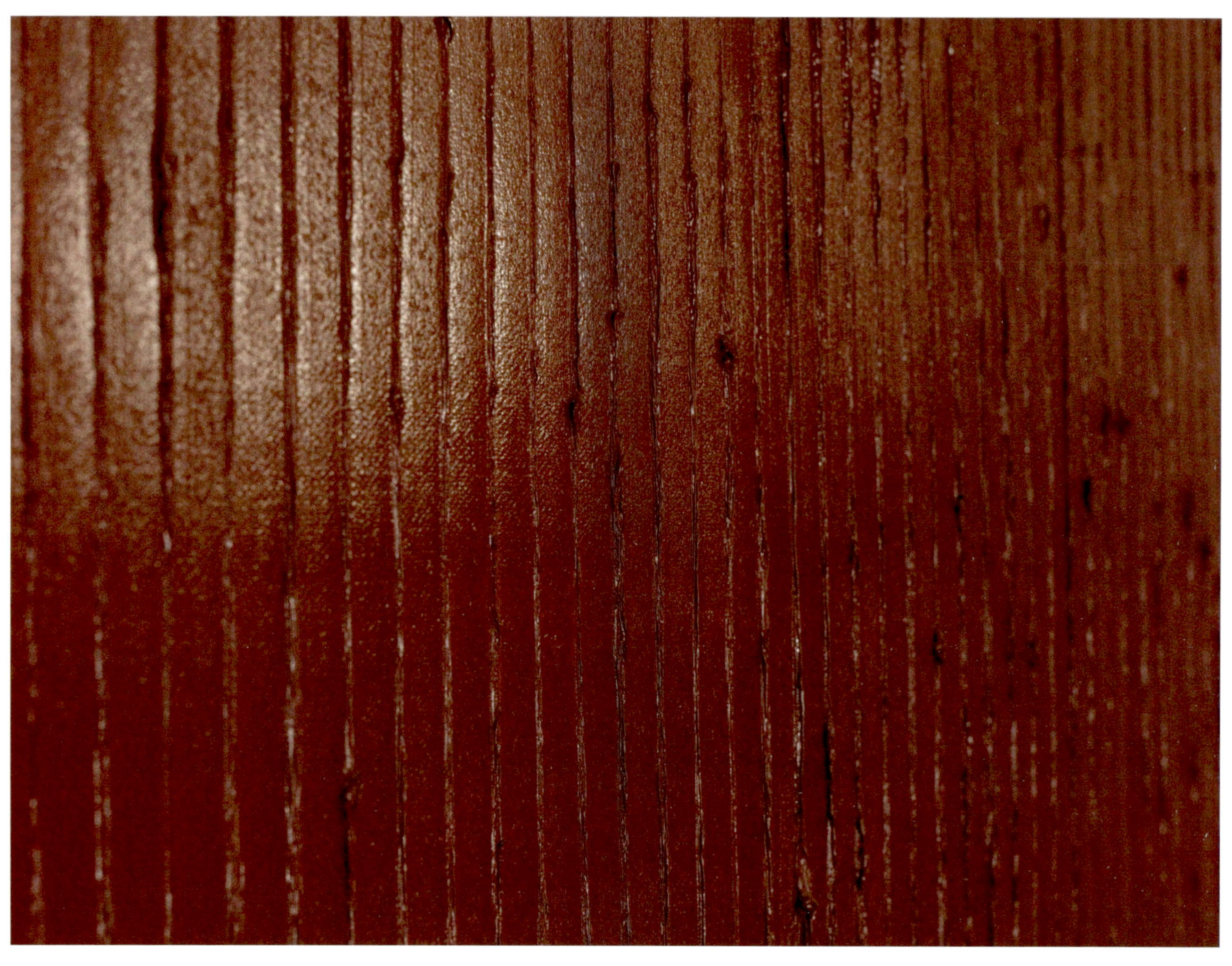

Ohne Titel 1991 Detail

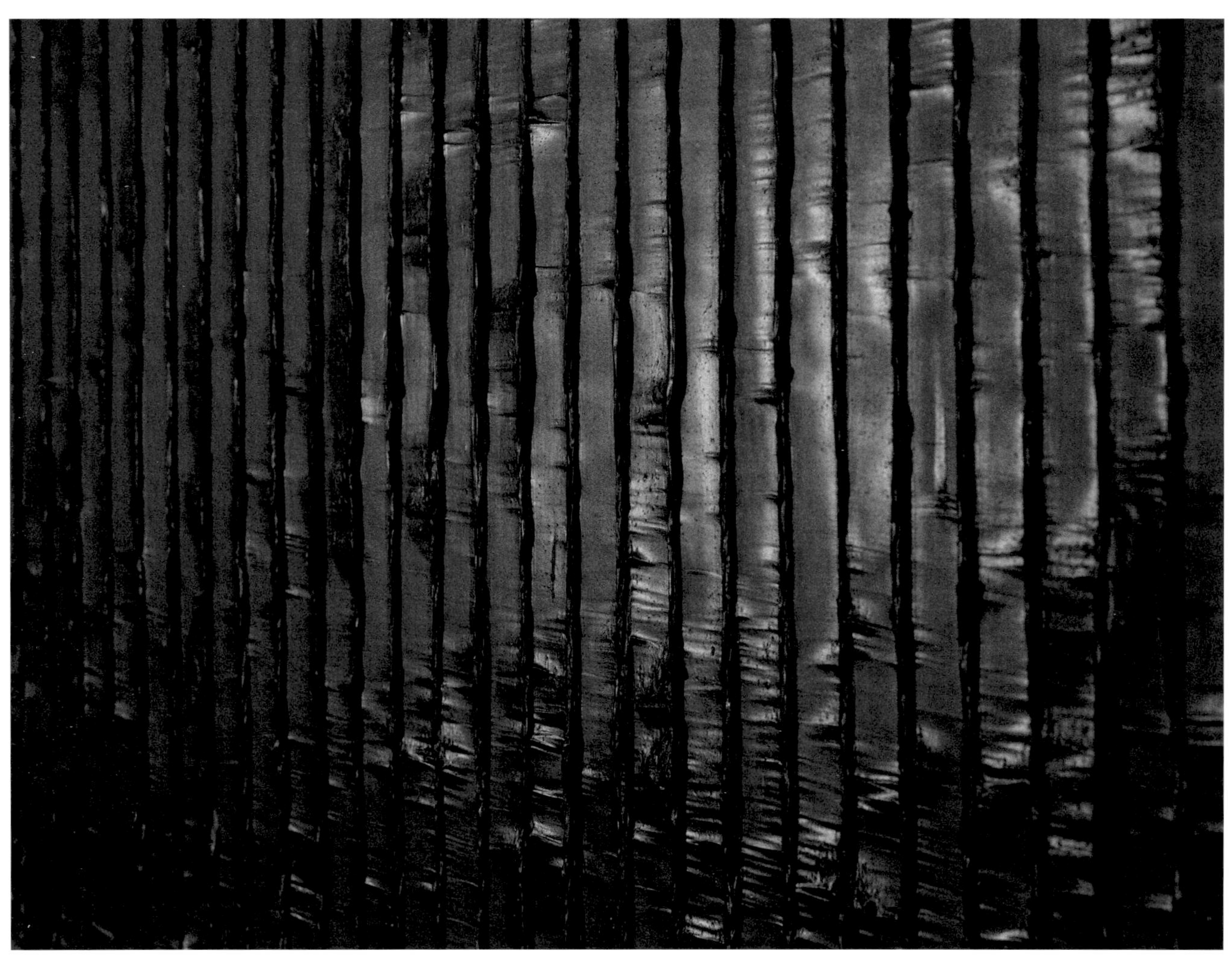

Ohne Titel 1991   Detail

Ohne Titel 1991   Öl/Leinwand, 200 x 250 cm

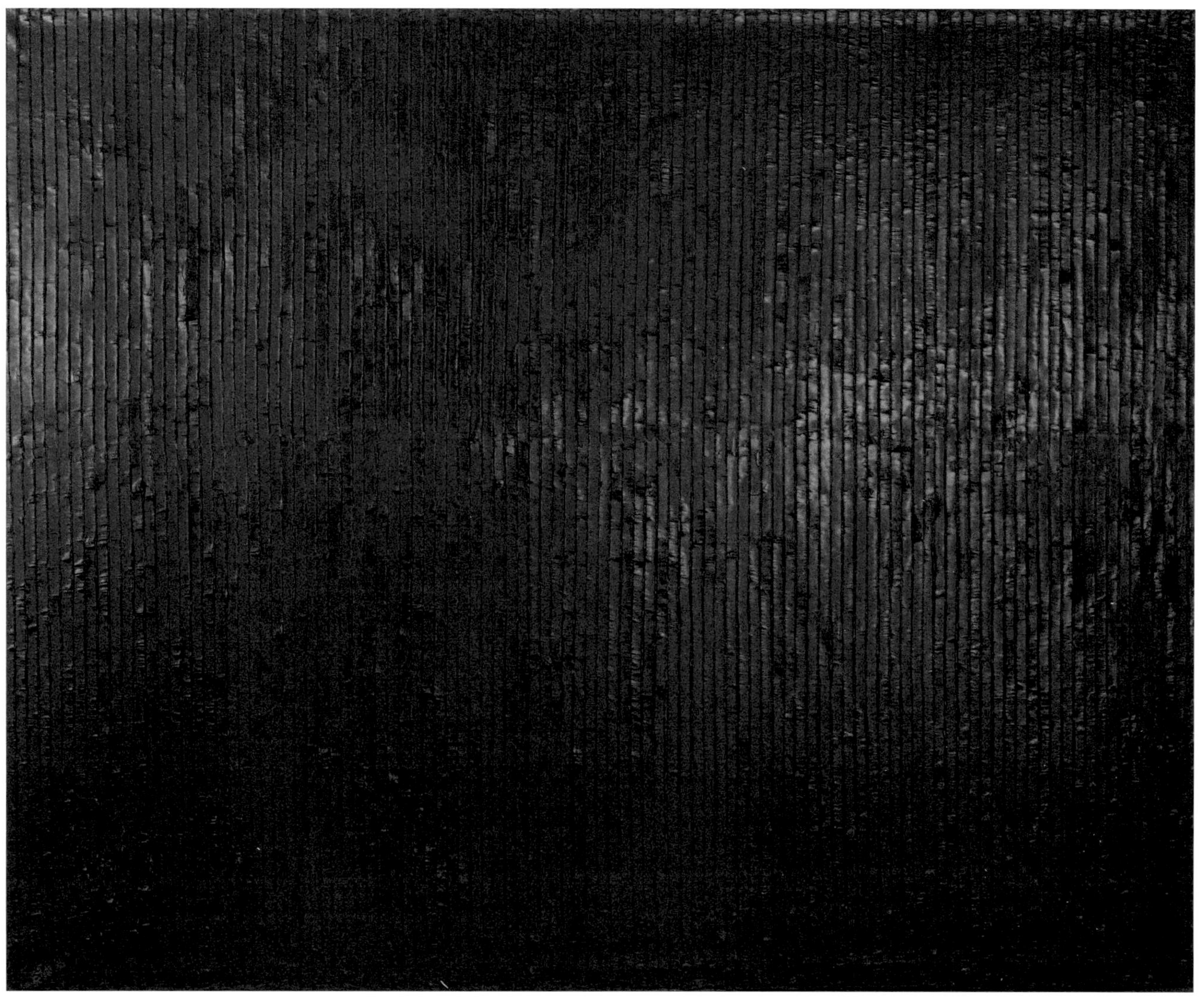

Ohne Titel 1992   Öl/Leinwand, 30 x 50 cm

Nr. 1 1993 Öl/Cyanpigment/Sperrholz, 180 x 170 cm

Ohne Titel 1996   Öl/Sperrholz, 40 x 40 x 7 cm (Diptychon, links)

Ohne Titel 1996   Öl/Sperrholz, 40 x 40 x 7 cm (Diptychon, rechts)

Ohne Titel 1997   Öl/Aluminium, 100 x 100 cm

Ohne Titel 1997   Acryl/Aluminium, 100 x 100 cm

Ohne Titel 1999   Detail

Ohne Titel 1999   Acryl/Aluminium, 100 x 100 cm

Ohne Titel 2001   Acryl/Aluminium, 145 x 147 cm

Ohne Titel 2001 Acryl/Aluminium, 145 x 147 cm

Ohne Titel 2003 Acryl/Aluminium, 145 x 147 cm

Ohne Titel 2003   Acryl/Aluminium, 150 x 150 cm

Seven pillar of wisdom #1 2002 Acryl/Leinwand/Holz, 200 x 170 cm

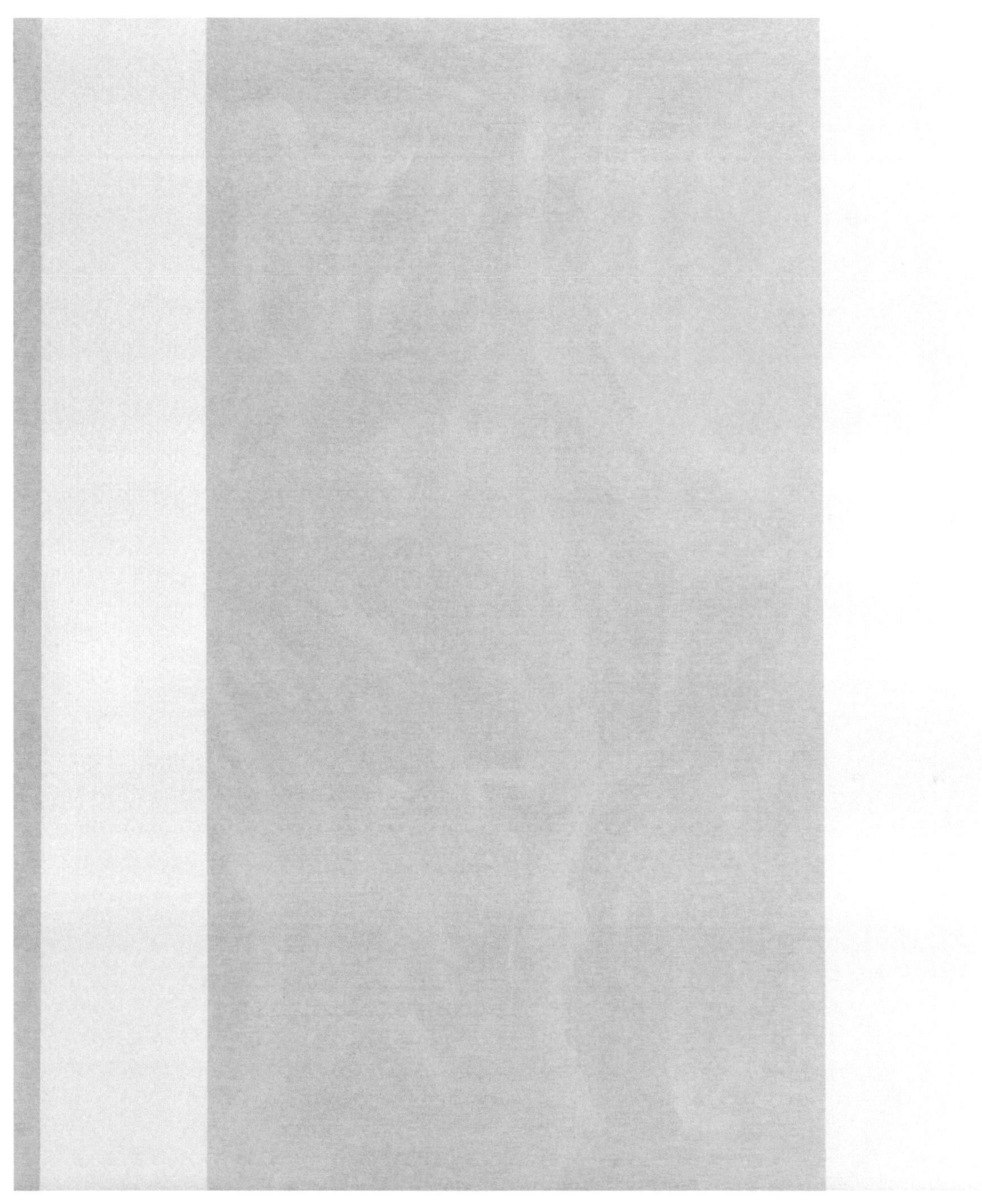

Seven pillar of wisdom #2   2002   Acryl/Leinwand/Holz, 200 x 170 cm

Seven pillar of wisdom #3 2002 Acryl/Leinwand/Holz, 200 x 170 cm

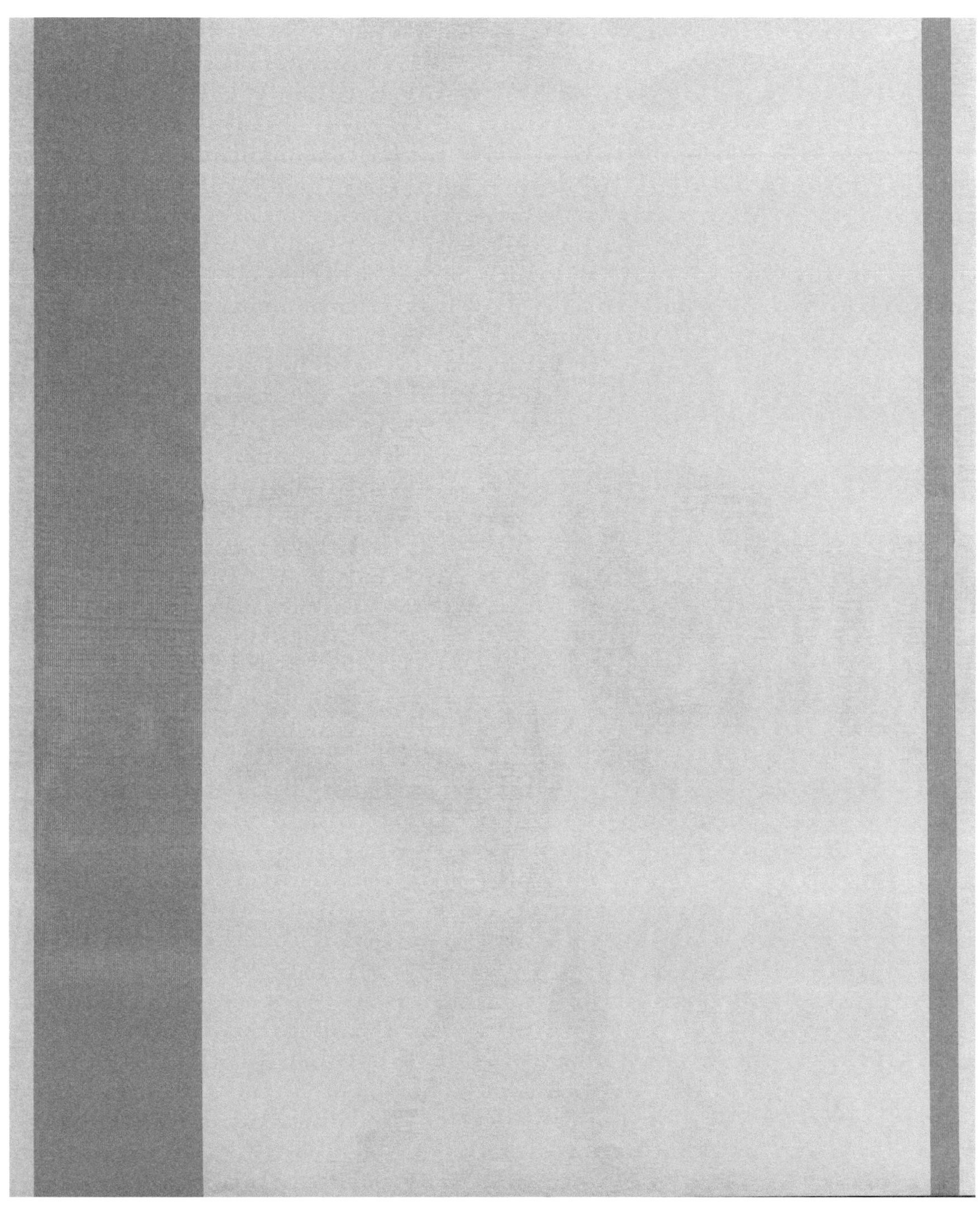

Seven pillar of wisdom #4   2002   Acryl/Leinwand/Holz, 200 x 170 cm

Seven pillar of wisdom #1–7 2002

Seven pillar of wisdom #5   2002   Acryl/Leinwand/Holz, 200 x 170 cm

Seven pillar of wisdom #6   2002   Acryl/Leinwand/Holz, 200 x 170 cm

Seven pillar of wisdom #7   2002   Acryl/Leinwand/Holz, 200 x 170 cm

Seven pillars of wisdom #1   2002   Acryl/Öl/Leinwand, 160 x 100 cm

Seven pillars of wisdom #2   2002   Acryl/Öl/Leinwand, 160 x 100 cm

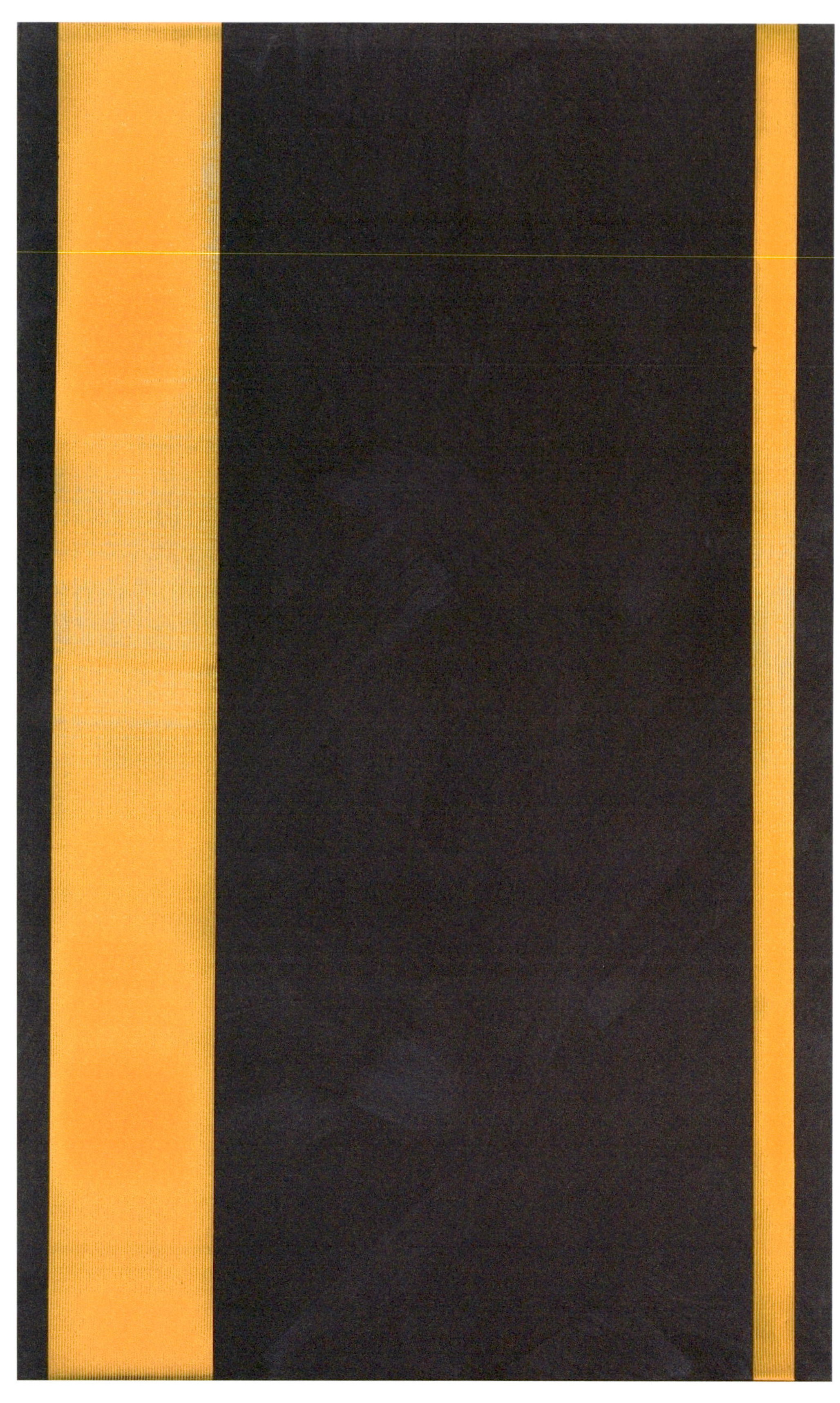

Seven pillars of wisdom #3   2002   Acryl/Leinwand, 160 x 100 cm

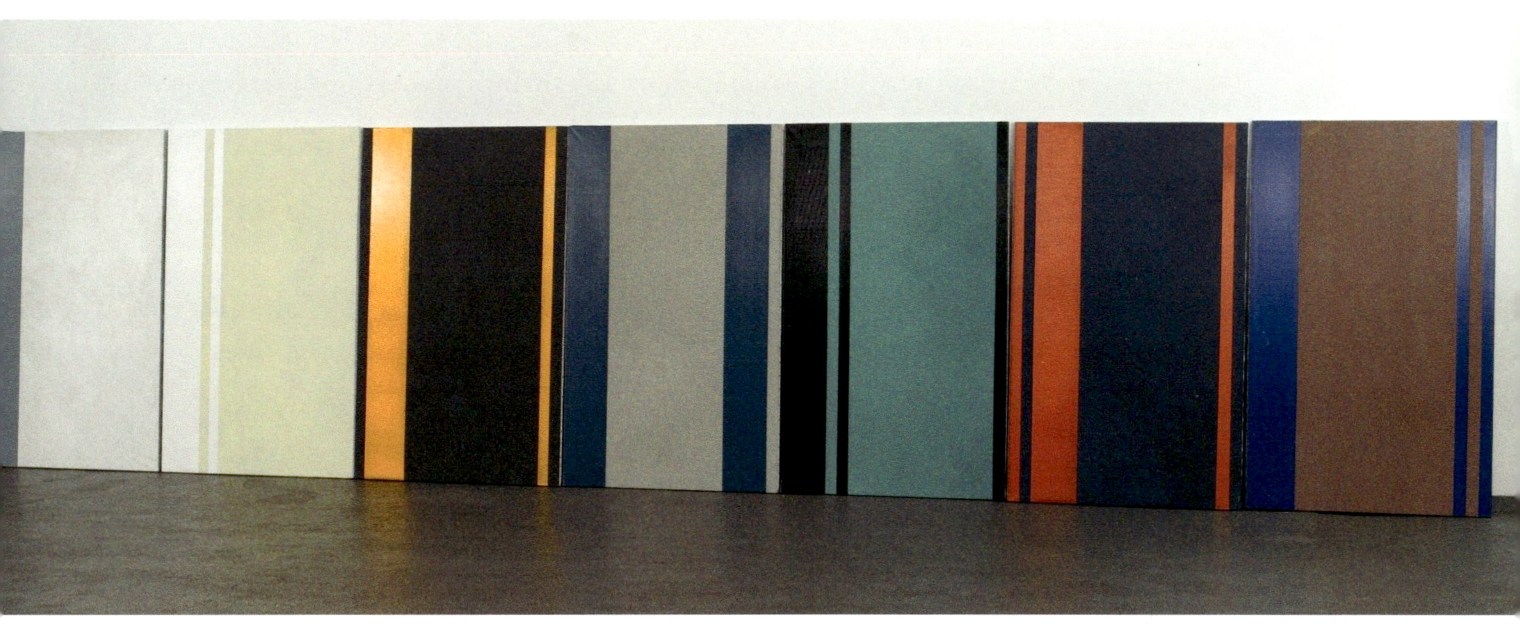

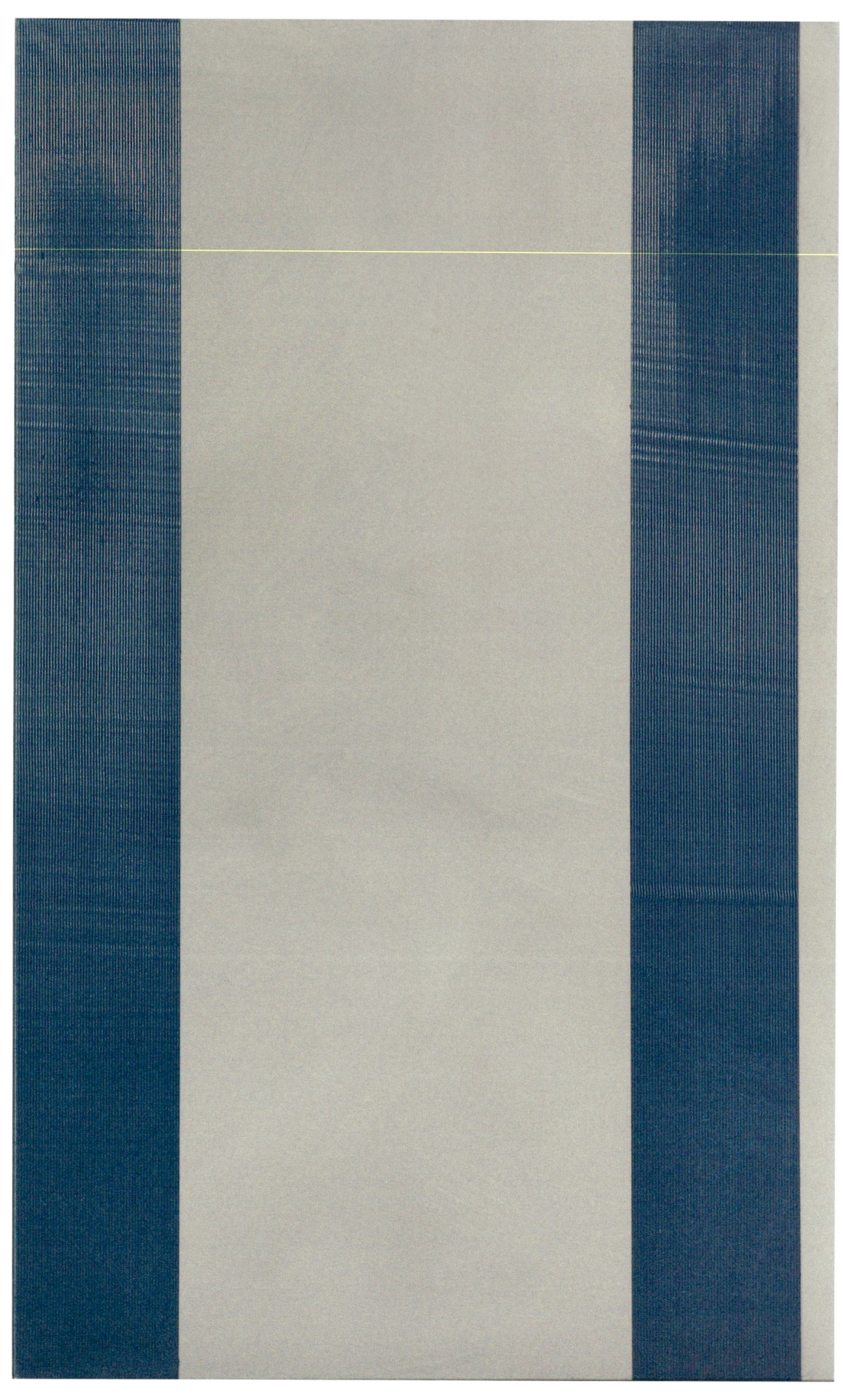

Seven pillars of wisdom #4   2002   Acryl/Leinwand, 160 x 100 cm

Seven pillars of wisdom #5 2002   Acryl/Leinwand, 160 x 100 cm

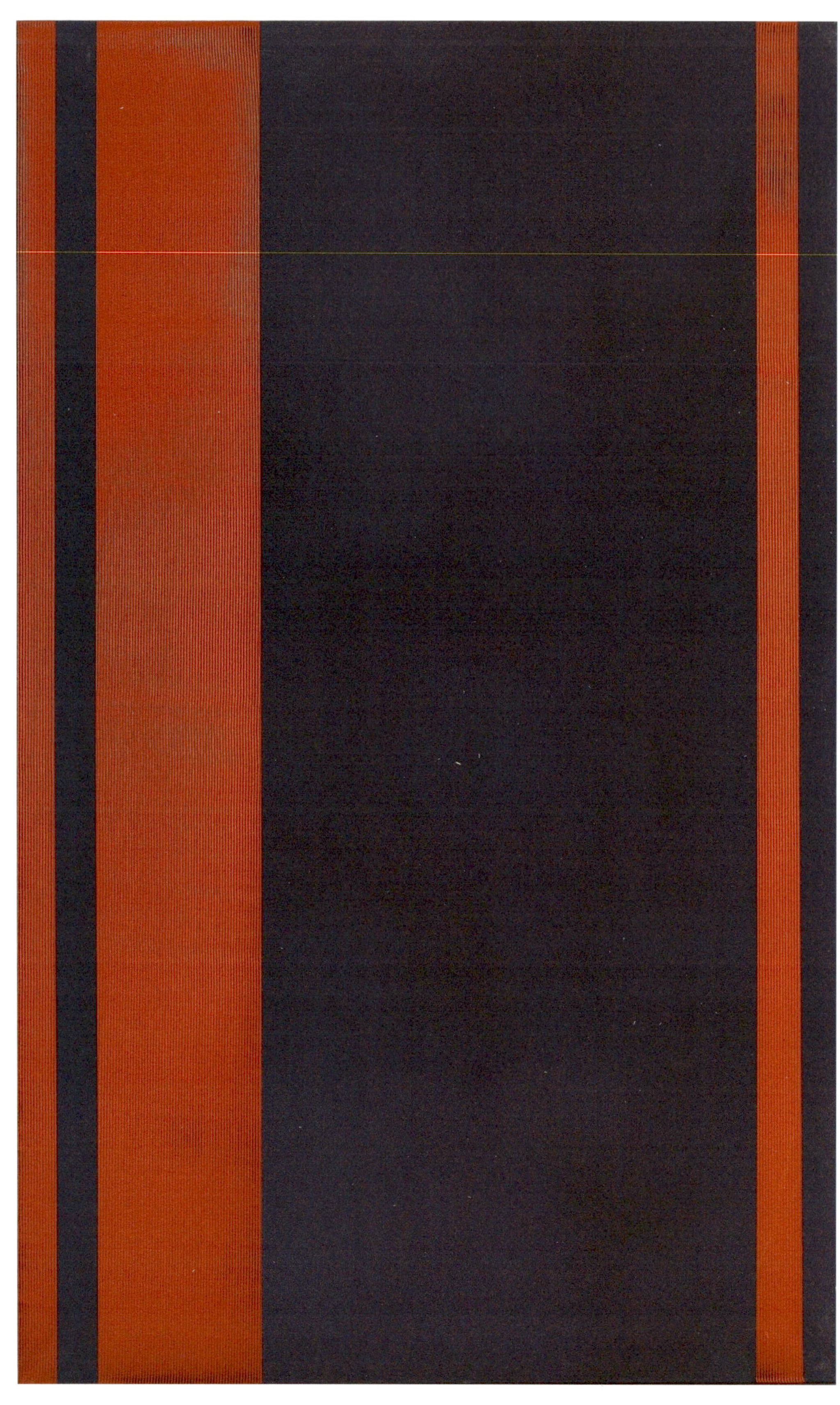

Seven pillars of wisdom #6   2002   Acryl/Leinwand, 160 x 100 cm

Seven pillars of wisdom #7   2002   Acryl/Leinwand, 160 x 100 cm

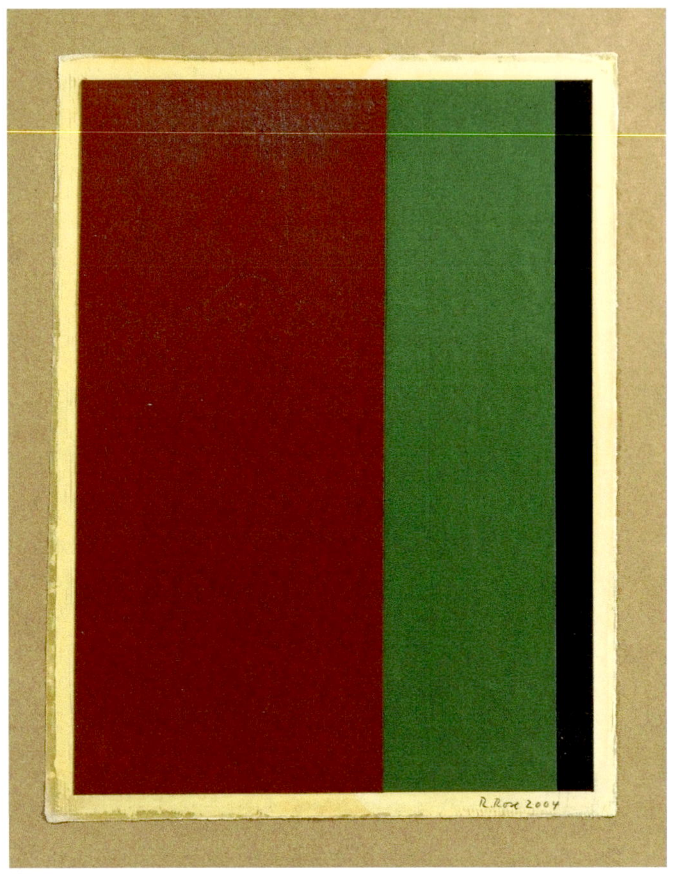
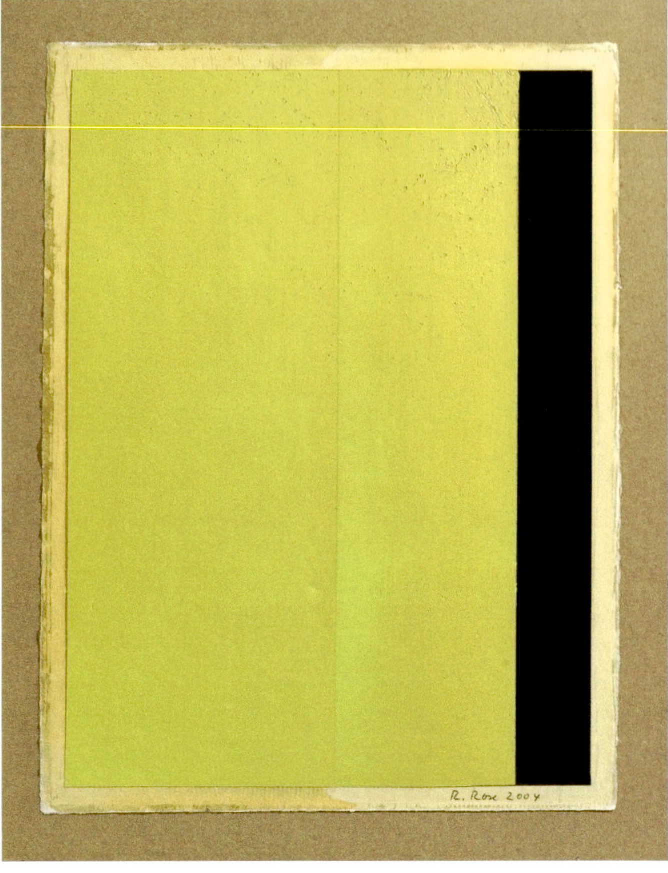

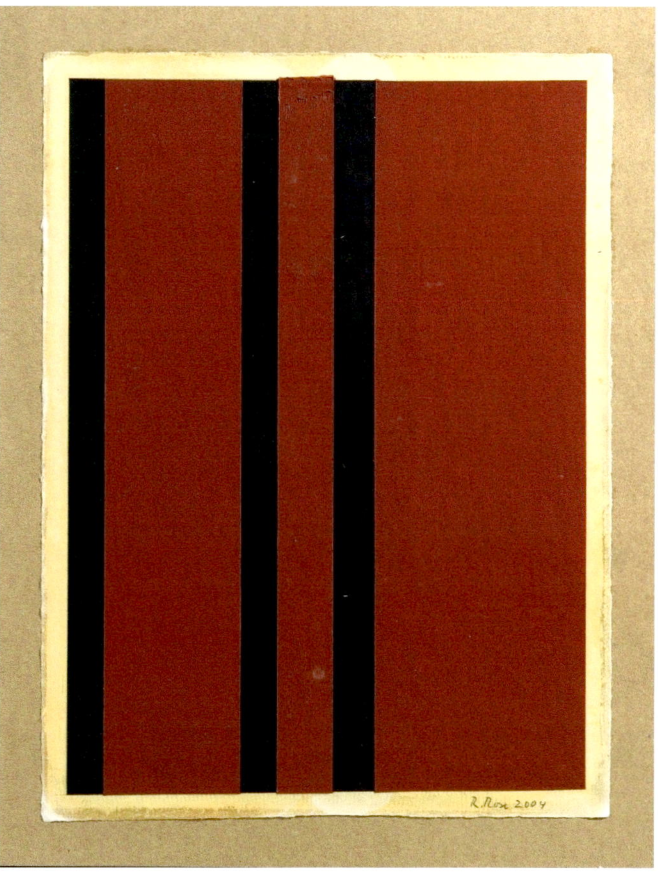

Ohne Titel #1–4 2004   Öl/Papier/MDF, je 60 x 46 cm

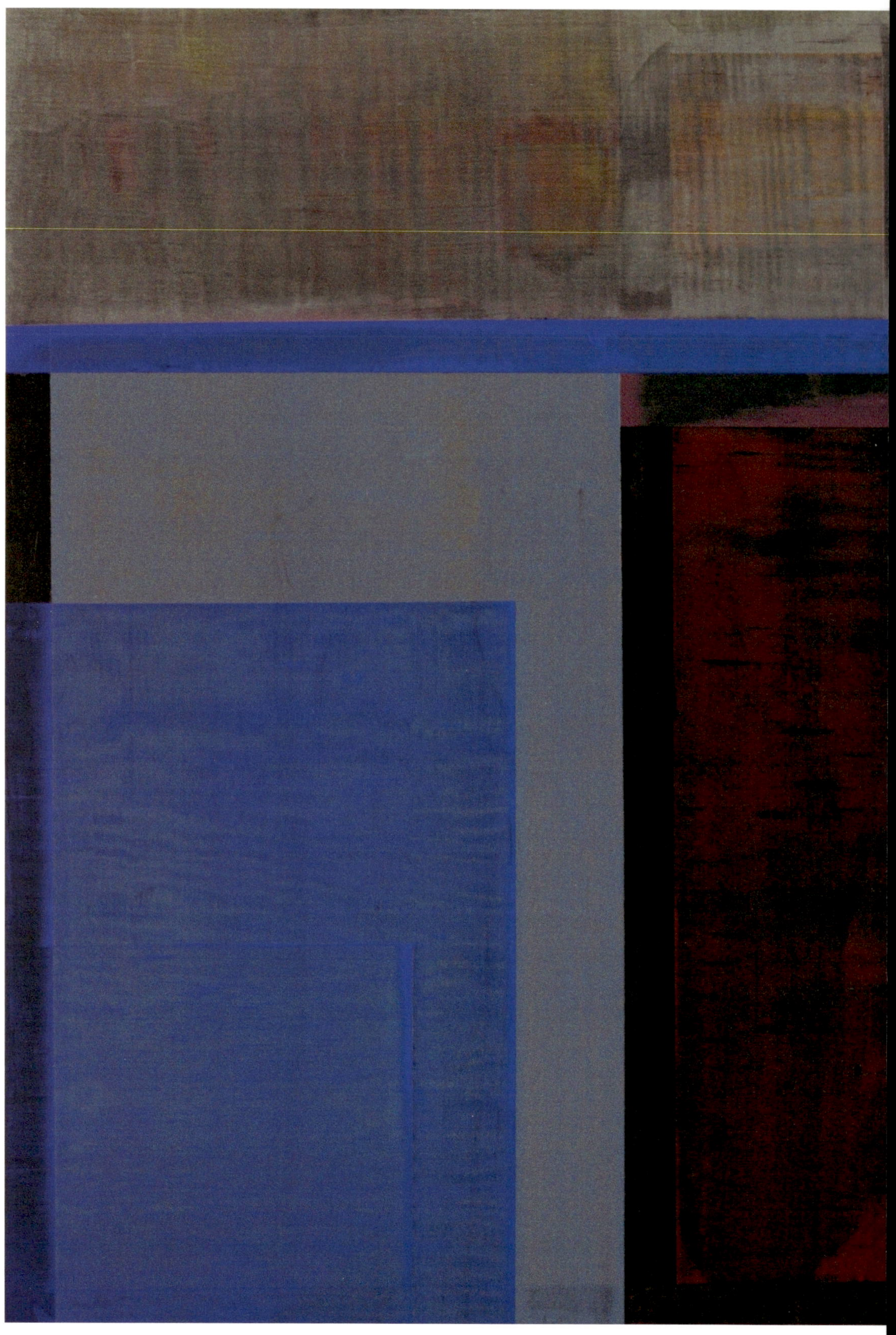

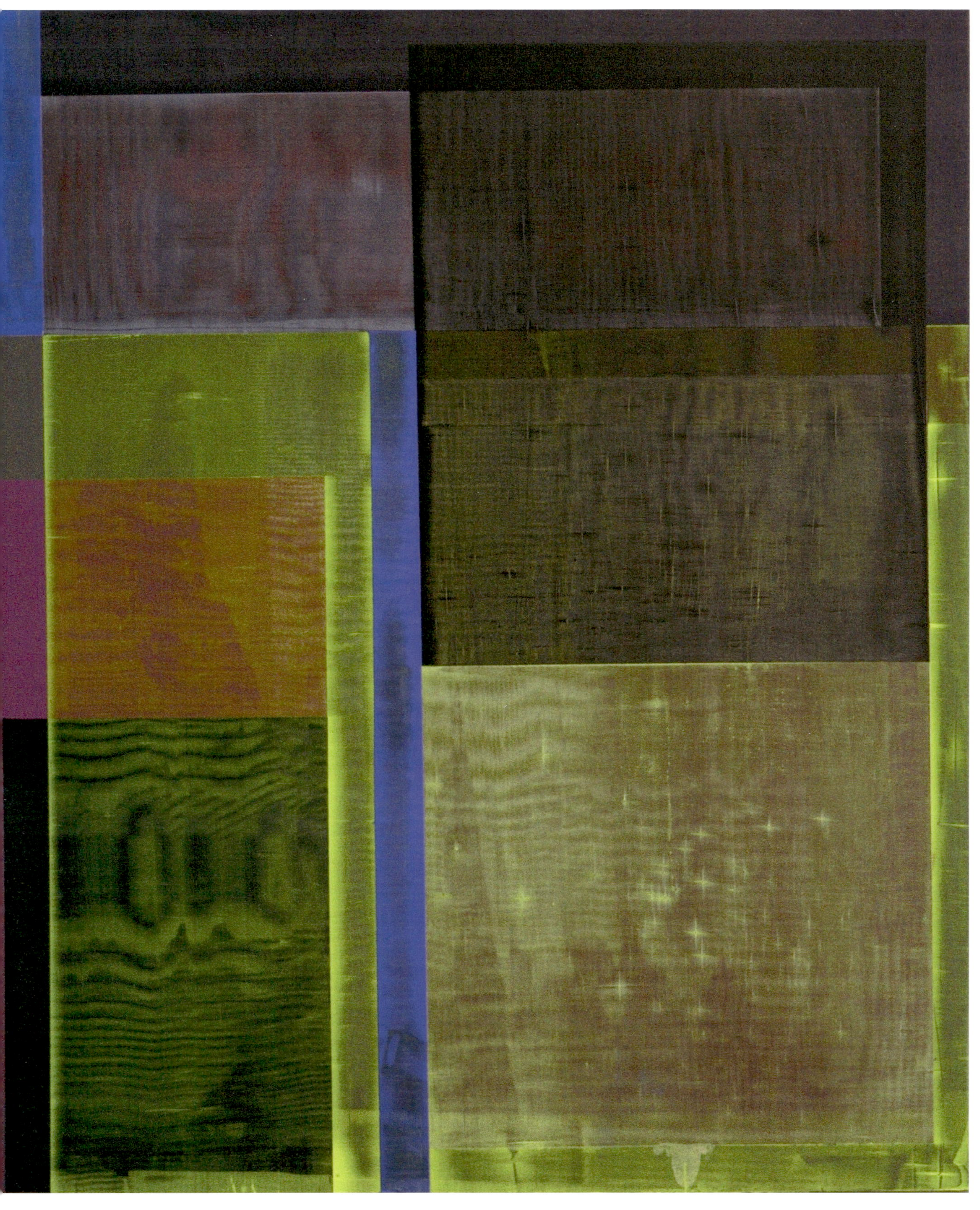

Ohne Titel 2005   Acryl/Aluminium, 125 x 200 cm

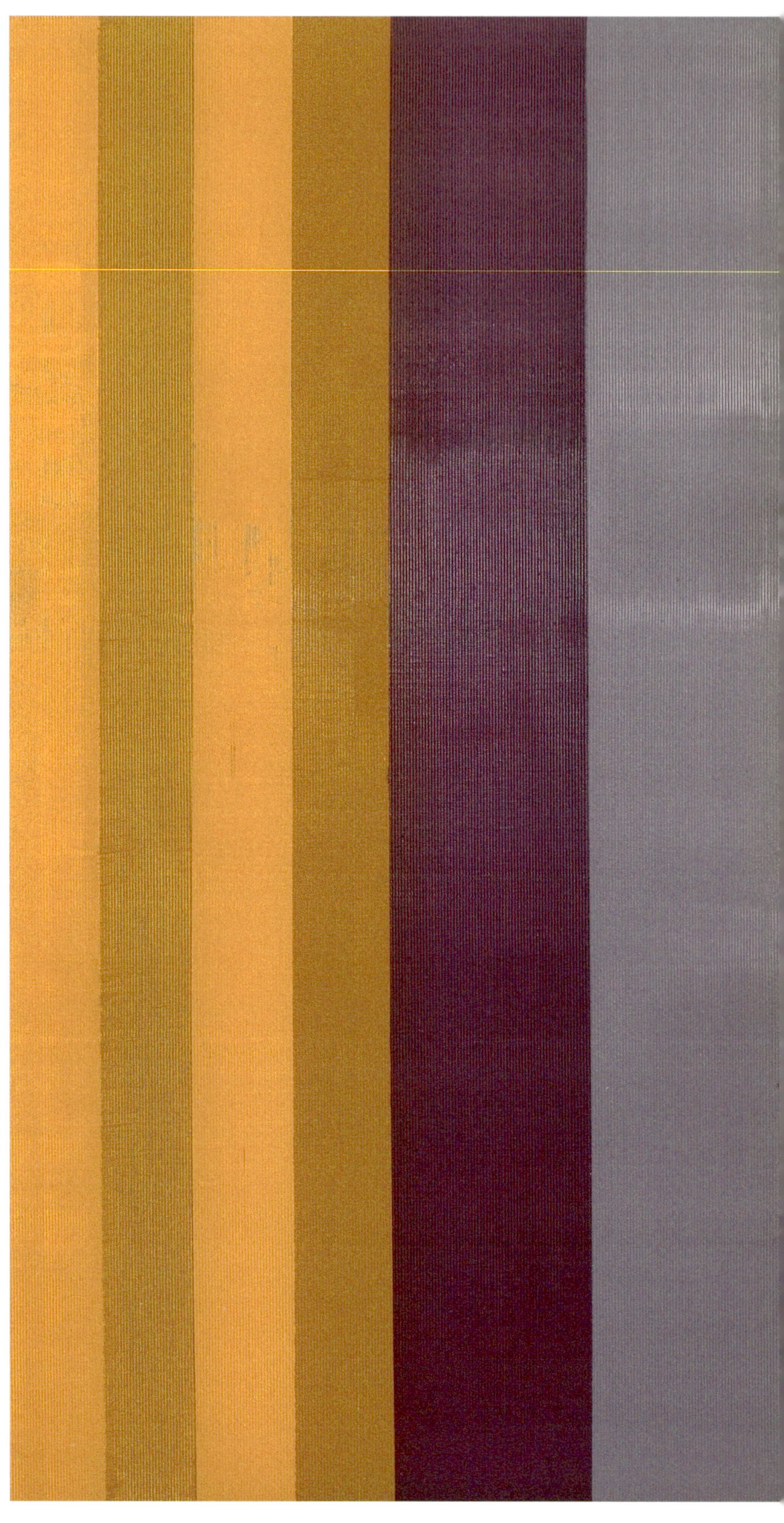

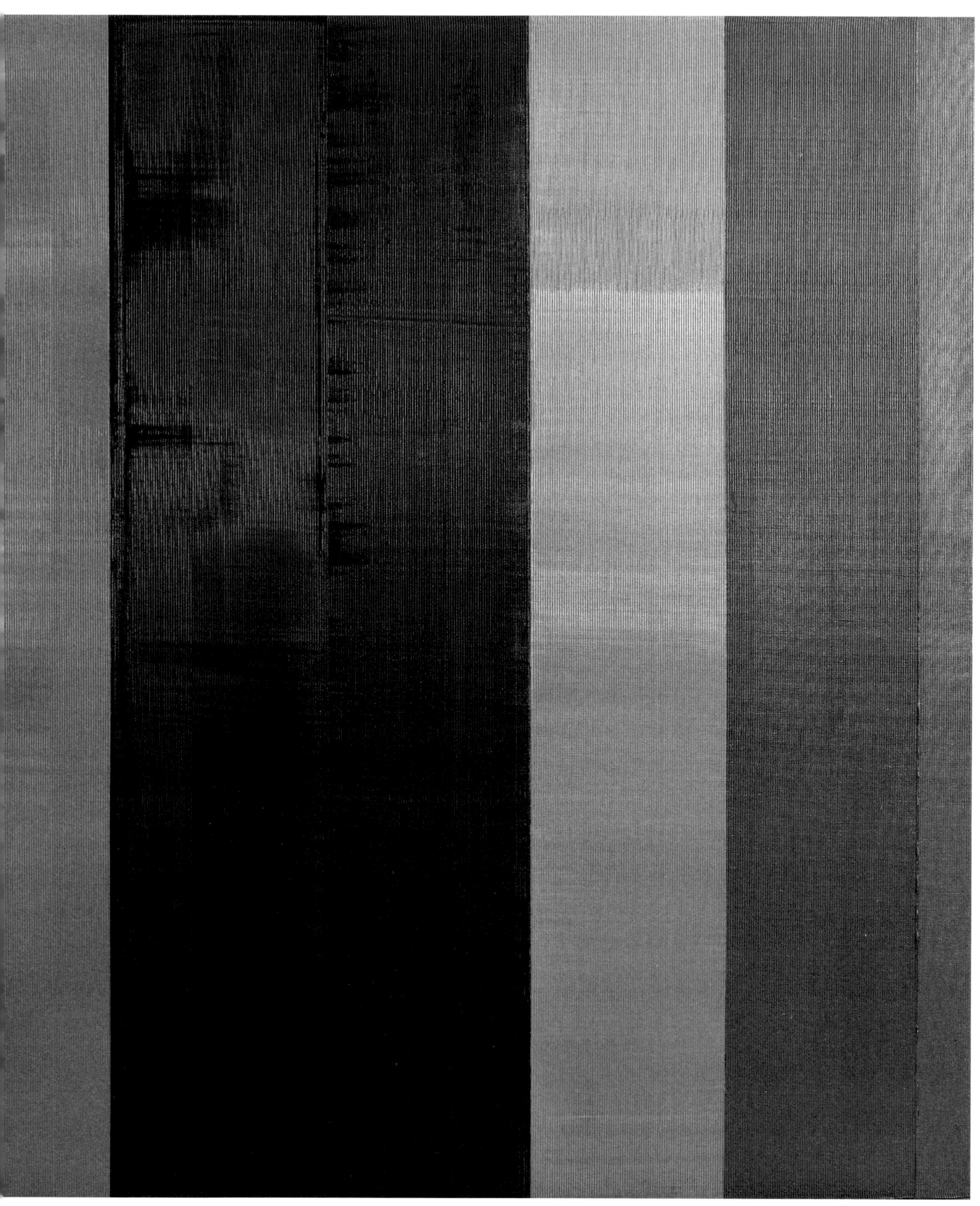

Falling to pieces   2002–2008   Acryl/Leinwand, 170 x 250 cm

August's shadow 2008   Acryl/Leinwand, 220 x 240 cm (Diptychon)

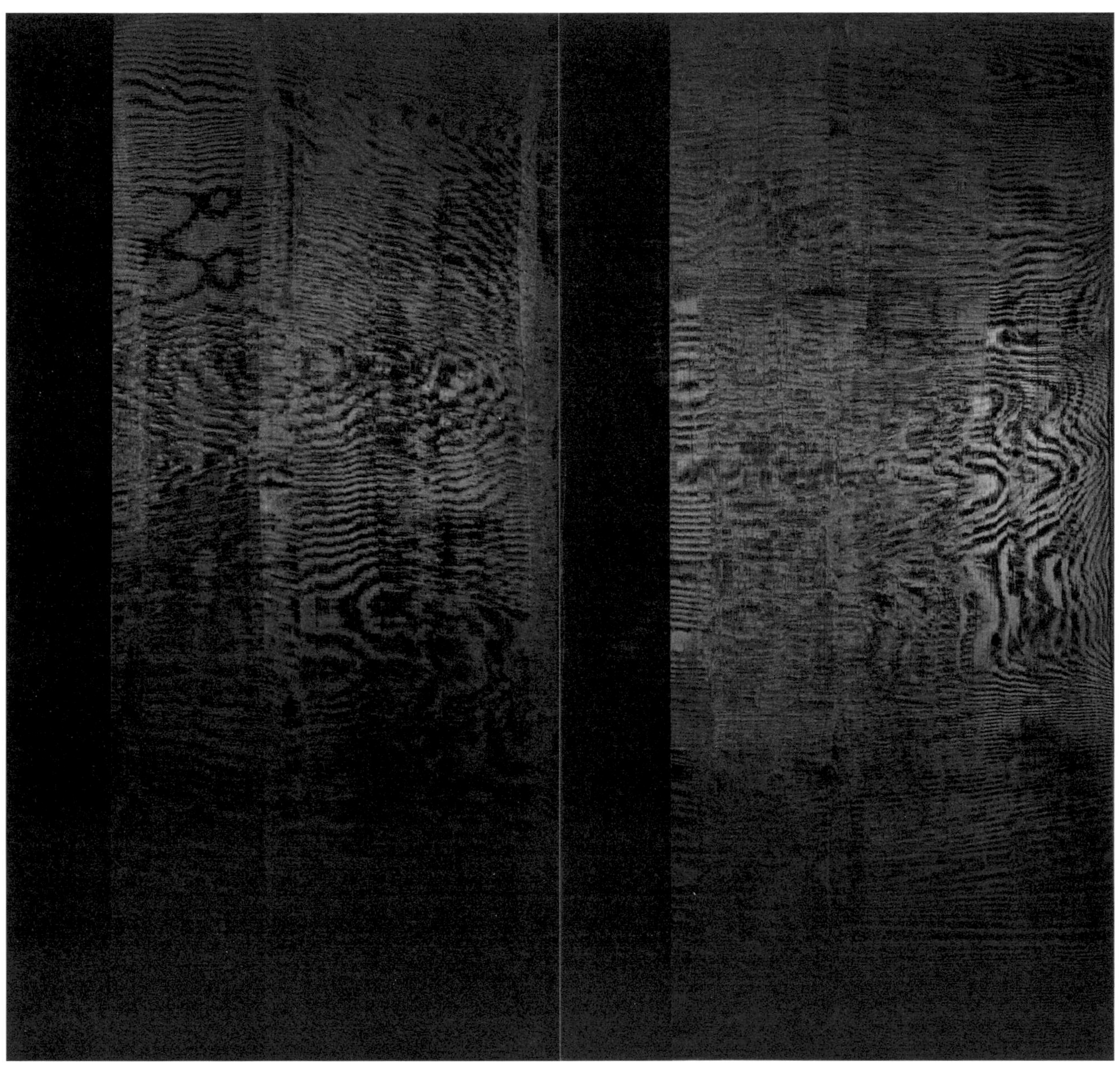

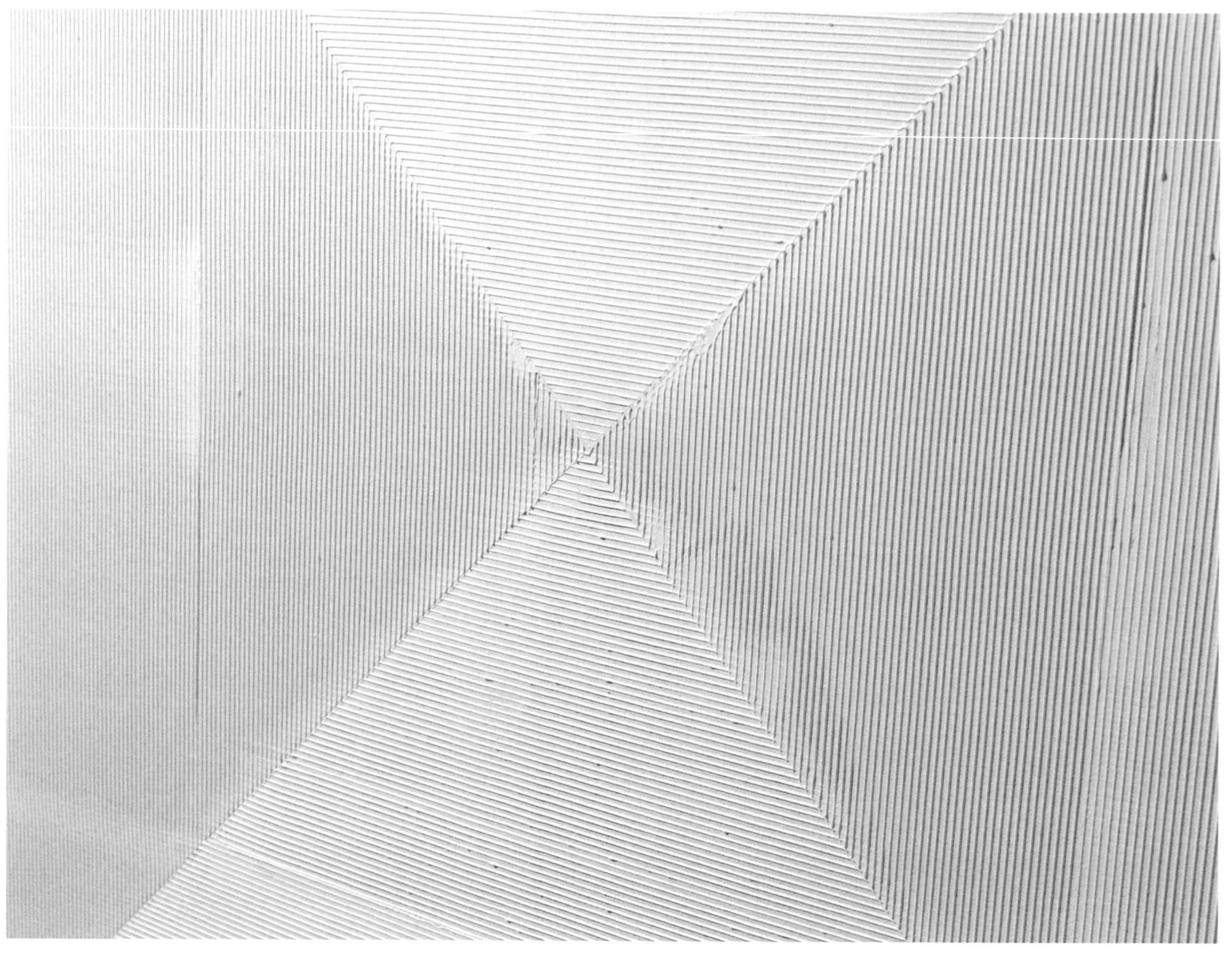

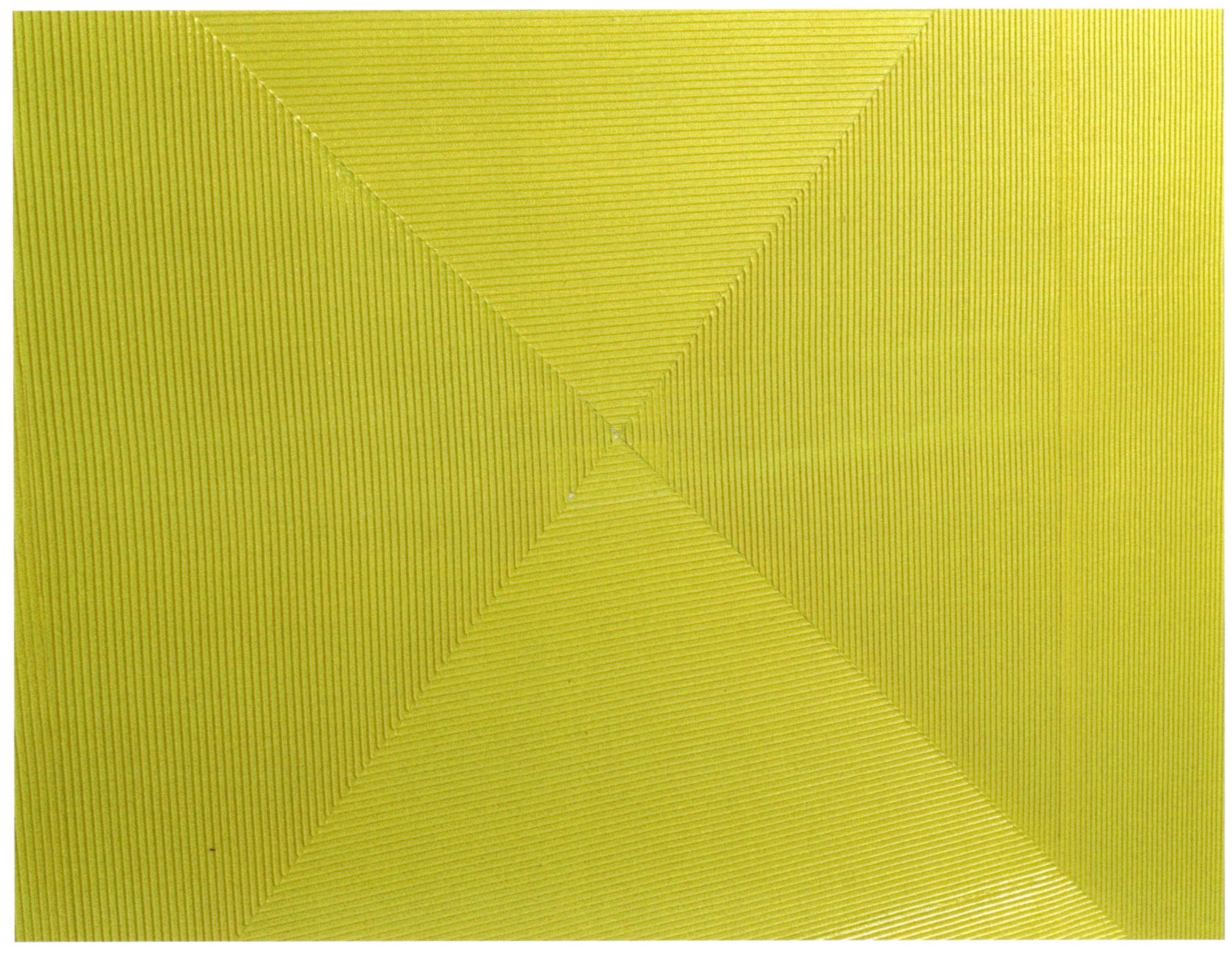

Ohne Titel 2008   Acryl/Leinwand, 200 x 400 cm (Diptychon)

No need of a compass 2008   Acryl/Leinwand, 240 x 280 cm

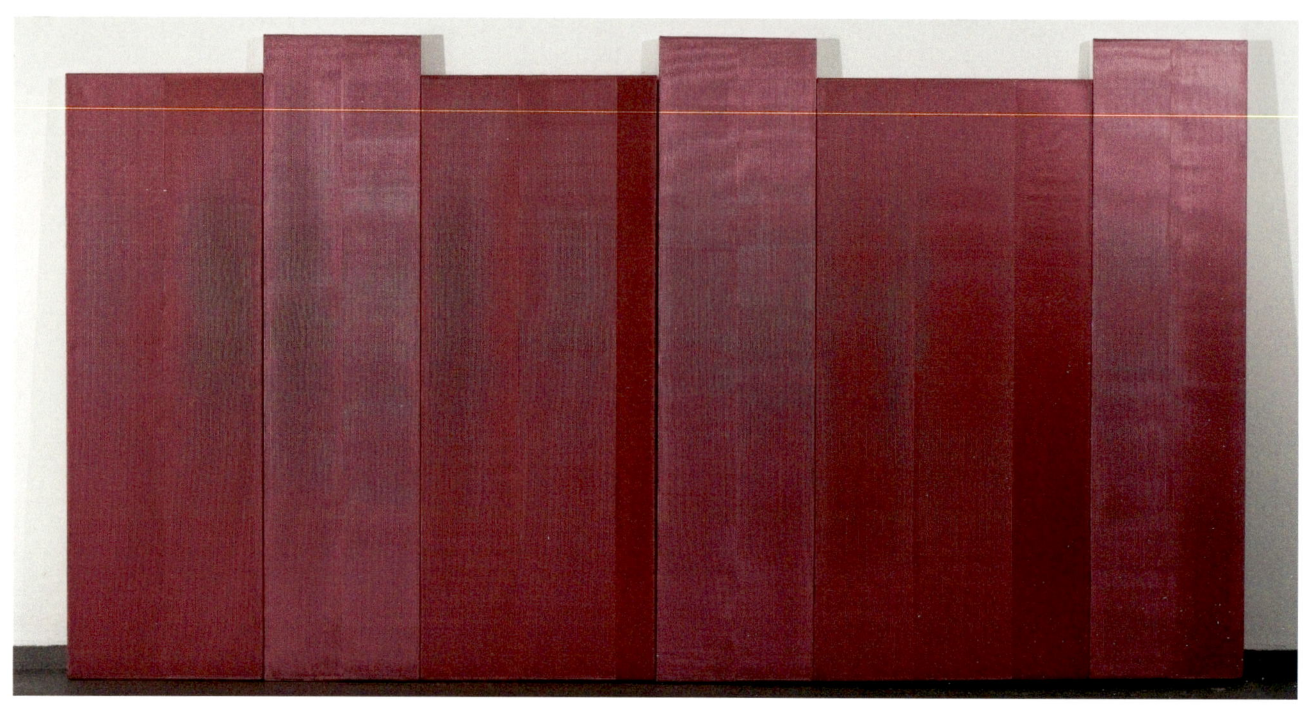

Ohne Titel 2008   Acryl/Leinwand, 160 x 300 cm (6-teilig)

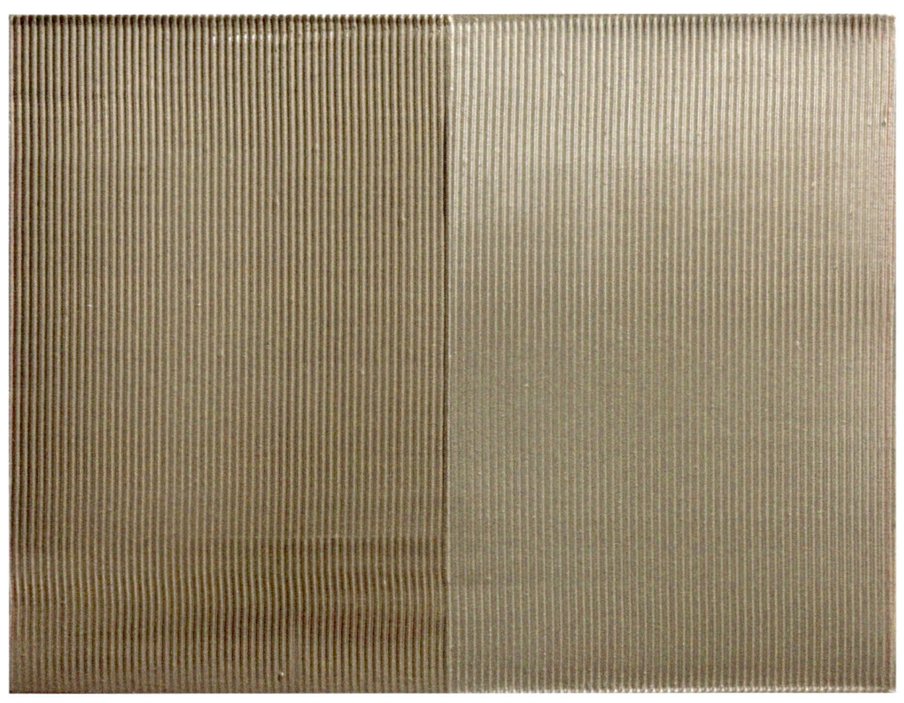

Ohne Titel 2008   Acryl/Leinwand, 30 x 40 cm

Ohne Titel 2008   Acryl/Leinwand, 40 x 90 cm (Triptychon)

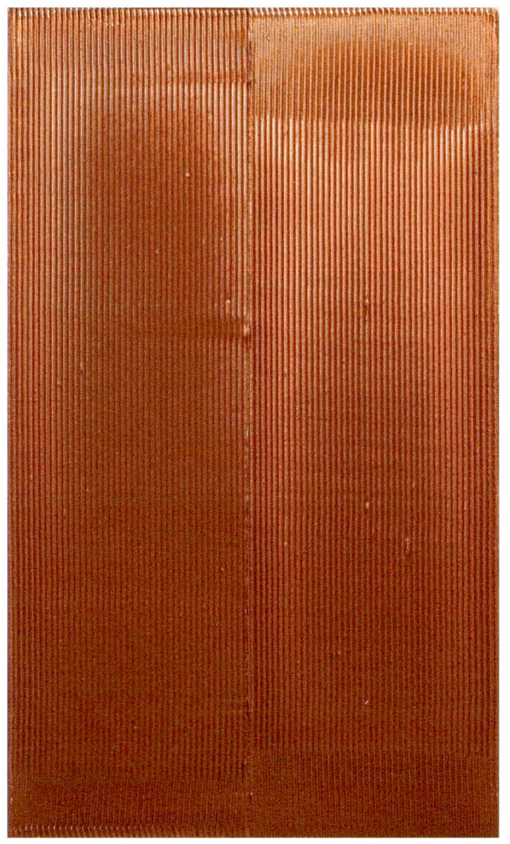 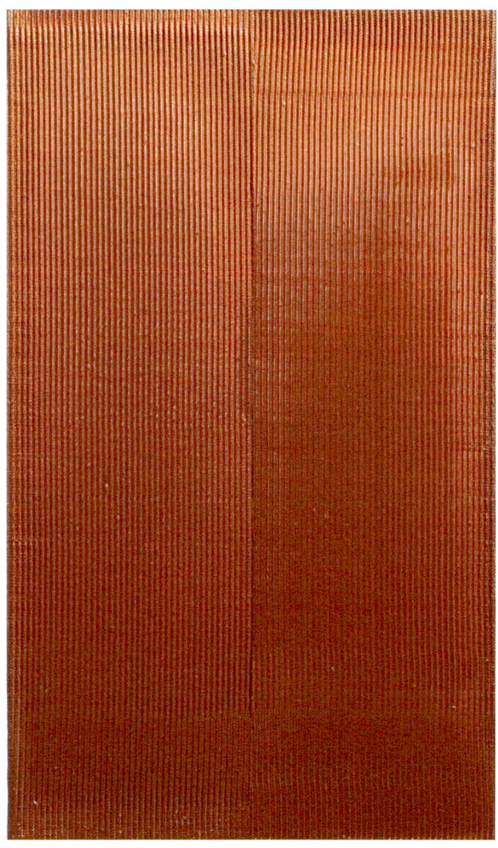

Cantus firmus I 2008   Acryl/Leinwand, 50 x 60 cm (Diptychon)

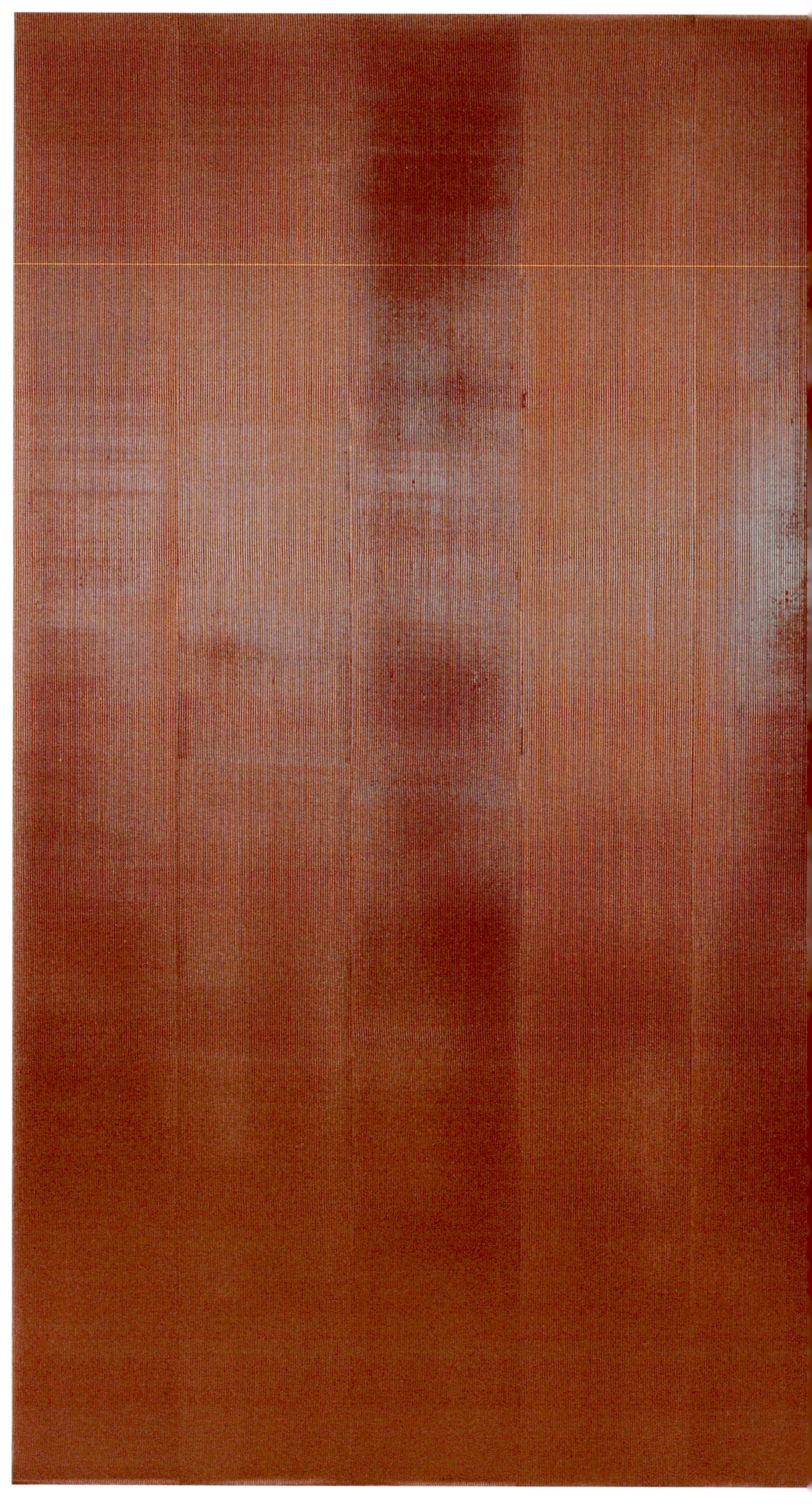

Cantus firmus III   2008   Acryl/Leinwand, 220 x 260 cm (Diptychon)

Biografie / Biography

In den Bildobjekten von Rose (* 1933 in Halberstadt) ist die Farbe nicht nur Darstellungsmittel, sondern auch Darstellungsgegenstand. Die Form seiner monochromen Arbeiten wird sowohl durch den Körper der Farbe als auch durch ihre Struktur ersetzt. Der Künstler verleiht seinen Gemälden Lebendigkeit, in dem er die aufgetragene Farbpaste mit verschieden großen Rakeln durchkämmt. Durch die handgezogenen Spachtelzüge untergräbt Rose die Strenge Monochromie und erreicht eine Rhythmisierung der Bildfläche. Die quadratischen und rechteckigen Bildträger aus Holz, Leinen oder Aluminium werden mit Farbe in mehreren Lagen beschichtet.

An den Seitenkanten liegen diese Schichtungen offen, hier lassen sich die einzelnen Farblagen ablesen. Roses Werke suggerieren somit keine Räumlichkeit und Plastizität, sie sind räumlich und plastisch. Durch minimale Variationen belebt er die Flächen, die direkt auf das Licht reagieren und mit ihm kommunizieren. Das Auftragen von Granitstaub verleiht der Oberfläche einen metallischen Glanz, es entstehen pulsierende, leuchtende Farbfelder, die den Eindruck räumlicher Tiefe vermitteln. Rolf Rose lebt und arbeitet seit 1953 in Hamburg.

In the picture-objects by Rolf Rose (b. 1933 in Halberstadt) paint is not used as a means of portrayal, but as the object of portrayal. Form in his monochrome works is replaced both by the body of the paint as well as by its structure. The artist gives his paintings liveliness by combing various sizes of palette knives through the thickly applied paint. With these hand-inscribed marks Rose undermines the works' austere monochrome coloration and brings rhythm to their pictorial surfaces. He applies several layers of paint to the square and rect-angular supports made of wood, linen, or aluminium.

The layers of paint are exposed at their edges, allowing the individual levels of colour to be seen. Thereby Rose's works do not suggest spatiality or plasticity; they are spatial and plastic. Through minimal variations he enlivens the planes, which react directly to the light and communicate with him. Applying granite dust to the surfaces gives them a metallic shine, creating pulsating, glowing colour fields, which convey an impression of spatial depth. Rolf Rose has lived and worked in Hamburg since 1953.

Bilder in öffentlichen Sammlungen /
Works in Public Collections

Hamburger Kunsthalle
Kieler Kunsthalle
Stiftung Schleswig-Holsteinische
   Landesmuseen Schloß Gottorf
Museum Weserburg, Bremen
Bundesregierung Bonn
Außenministerium, Gästehaus Petersberg
Bayrische Hypotheken und Wechselbank
Bank für Wiederaufbau
Deutsche Bundesbank, Frankfurt/M.

Kunsthalle Karlsruhe
Museum Würth, Künzelsau
Karl Ernst Osthaus-Museum, Hagen
Neue Galerie, Kassel
Landesmuseum, Mainz
Lenbachhaus, München
Museum der bildenden Künste, Leipzig
Kunstmuseum, Bonn
Daros Collection, Zürich
Phoenix-Kulturstiftung, Hamburg-Harburg
Sammlung Sparkasse Stade-Altes Land
Wilhelm-Hack-Museum, Ludwigshafen

Einzelausstellungen / Solo Exhibitions

1969   Galerie Hauptmann, Hamburg
1971   Kunsthaus Norderstedt
1973   Galerie Neuendorf, Köln
1975   Galerie Wentzel, Hamburg
1976   Galerie m, Den Haag
1976   Galerie Tanit, München
1977   Neuer Berliner Kunstverein, Berlin
1977   Galerie Wentzel, Hamburg
1978   Galerie Wentzel, Hamburg
1979   Peter Nozer, Zürich
1980   Galerie Isernhagen, Hannover
1983   Galerie Wentzel, Köln
1984   Galerie Elke Dröscher, Hamburg
1985   Galerie Wentzel, Köln
1985   Alte Königsstraße 5, Hamburg
1986   *Standpunkte,* Kunsthalle Hamburg
1987   Galerie Wentzel, Köln
1988   Künstlerhaus Weidenallee, Hamburg
1989   Kunstverein Kehdingen, Freiburg/Elbe
1989   Kunstverein Lüneburg
1990   Galerie Cajetan Grill, Wien
1991   Galerie Wentzel, Köln
1991   Galerie Kammer, Hamburg
1992   Kunsthaus Steinburg, Itzehoe
1992   Galerie Jürgen Becker, Hamburg
1993   Galerie Sfeir-Semler, Kiel
1994   *Druckgrafik,* Griffelkunst, Hamburg
1994   Kunstraum Elbschloß, Hamburg
1995   Oldenburger Kunstverein, Oldenburg i.O.
1995   Edwin *Scharff-Preis,* Kunsthaus Hamburg
1996   Galerie Domberger, Stuttgart
1996/97 Kunsthalle Karlsruhe „Forum Rotunde"
1997   Galerie Grosse Bleiche/Job, Mainz
1997   Kulturforum Lüneburg e.V., Lüneburg
1997   Galerie Rupert Walser, München
1997   Galerie Jürgen Becker, Hamburg
1998   Galerie Katrin Rabus, Bremen
1998   Kunsthalle Hamburg
1999   Kunstverein Springhornhof,
        Neuenkirchen/Soltau
1999   Galerie Brandstetter u. Wyss, Zürich
2000   Galerie Job, Mainz
2000   Galerie Renate Schröder, Köln
2001   Galerie Brandstetter & Wyss, Zürich
2001   Galerie Bergner + Job, Wiesbaden
2001   Galerie Rupert Walser, München

2001/02 Galerie Jürgen Becker, Hamburg
2003   Kunsthalle Hamburg, Galerie der Gegenwart
2004   Galerie Bergner + Job, Mainz
2005   Galerie Rupert Walser, München
2005   Sebastian Fath/Contemporary, Mannheim
2007   Sebastian Fath/Contemporary, Mannheim
2007   Bleibtreu Galerie, Berlin
2008   Nihil Nehil, Berlin
2008   Galerie Levy, Hamburg

Gruppenausstellungen / Group Exhibitions

1970   Galerie Neuendorf, Hamburg
1970   Galerie Zwirner, Köln
1971   *Tendences Actuelles,* Goethe-Institut,
        Marseille
1974   *Maler in Hamburg,* Kunsthaus Hamburg
1975   *Hamburger Kunstwochen'75,* Kunstverein
        in Hamburg
        Galerie m, Den Haag
        Empirica, Museo d'Arte Moderna, Rimini und
        Verona
1976   Galerie Ulysses, Wien
1977   Galerie Art in Progress, München
1978   Rotterdamse Kunststichting, Rotterdam
1980   *Schwarz,* Künstlerhaus Weidenallee,
        Hamburg
1981   Galerie Isernhagen, Hannover
1981   Galerie Wentzel, Köln
1982   *Stipendiaten'81,* Kunsthaus Hamburg
1983   *Kaminski, Marioni, Rose, Schröder, Sims,*
        Umberg, Zeniuk, Klausstraße 11, Hamburg
        Nocturne, Ruth Siegel, Contemporary Art,
        New York
1985   *Zeitgenössische Druckgraphik, Edition*
        1975–1985, Griffelkunst-Vereinigung,
        Hamburg
1991   *Zwischen 1980 und 1990,* Kunstmuseum
        Malmö,
1993   *abstrakt,* Der Deutsche Künstlerbund in
        Dresden
        Farbauftrag, Kunsthaus Hamburg
        WA(H)RE KUNST, Hamburg
1994   *Prima Idea,* Der Deutsche Künstlerbund in
        Mannheim
1995   *Kunst in Deutschland,* Bundeskunsthalle
        Bonn
1995/96 *Erste Wahl,* Kunstverein Hamburg

1996/97 *Holländisches Bad,* Kunsthaus Hamburg/
Brechthaus Berlin

1997 *Raumfragen,* Meßberghof Hamburg

1979 *Bildräume,* Landeskulturzentrum Salzau,
Schleswig-Holstein

1999 *my name,* Sammlung Falckenberg, Museum
der bildenden Künste, Leipzig
20 Jahre Galerie, Katrin Rabus, Bremen

1999/00 *Die Farbe (Rot) hat mich,* Karl Ernst Osthaus-
Museum, Hagen

2000 *Im Dialog Erben, Girke, Graubner, Rose,*
Galerie Elke Dröscher, Hamburg

2001 *Klar,* Sammlung Falckenberg, Kunstverein
Harburger Bahnhof

2001 *Arbeiten auf Papier,* Art Agents Gallery,
Hamburg

2001 *Nebeneinander III,* Galerie Schröder, Köln

2001 *Phoenix-Art 2001,* Phoenix-Kulturstiftung,
Hamburg-Harburg
Anstiftung zu einer neuen Wahrnehmung,
Museum Weserburg, Bremen
*Über die Ungleichheit des Ähnlichen in der
Kunst, Frietzsche, Girke, Kaminsky,
Rabinowitsch, Rajlich, Reineking, Rose,
Zeniuk,* Galerie Peter Lindner, Wien

2002 Der Auftrag der Farbe, Nassauischer
Kunstverein e.V., Wiesbaden
Auftrag der Farbe, BWA Wroclaw - Galerie
Sztuki Wspólczesnej, Breslau
Colour–A Life of its Own an exhibition of
hungarian and international monochrome
painting, Mücsarnok, Budapest

2003 *Seeing Red, Part II,* Hunter College, Times
Square Gallery, New York
*Soziale Fassaden u.a. Farbe und Oberfläche in
der Gegenwartskunst, Marcia Hafif, Rolf Rose,
Frederic Matys Thursz, Isa Genzken, Liam
Gillick,* Lenbachhaus, München
*Da Sein, Positionen zeitgenössischer Kunst
aus der Sammlung Reinking,* Ernst Barlach
Museum Wedel, Ernst Barlach Museum
Ratzeburg
*Color Based Paintings – Malerei zwischen
Planung und Prozess,* Bergner+Job Galerie,
Mainz

2004 *Papierarbeiten – Paper Works,*
Renate Schröder Galerie, Köln
Einblicke, Positionen zeitgenössischer Kunst

aus der Sammlung Karin und Erich Wagner, Art
Agents Gallery, Hamburg
*Wege zur Abstraktion III „Farbfilm" mit u.a.
Gecelli, Graubner, Hamak, Raijlich, Sims,
Villinger,* 34. Sommerausstellung Kunstverein
Schloß Plön,Schleswig-Holstein und
Mecklenburgisches Künstlerhaus
Schloß Plüschow
Ein Tag, ein Raum, ein Bild, Sebastian
Fath/Contemporary, Mannheim
*Neuerwerbungen Zeitgenössischer Kunst
1995–2004. Malerei und Skulptur seit 1960,*
Staatliche Kunsthalle Karlsruhe

2005 *Glanz & Gloria,* Renate Schröder Galerie,
Mönchengladbach

2005 *Situation 23,* Bleibtreu Galerie, Berlin
*Ulrich Erben, Ingo Ronkholz, Rolf Rose,
Richard Serra – Arbeiten auf Papier,*
Elke Dröscher - Kunstraum Falkenstein,
Hamburg

2006 Rolf Rose, Adrian Schiess, Jerry Zeniuk,
Galerie Sfeir-Semler, Hamburg
Minimalillusions, Arbeiten mit der Sammlung
Reinking, Villa Merkel, Stadt Esslingen am
Neckar
Globus Dei. Der Ball und die Kunst, Josef
Albers Museum Quadrat Bottrop
Best of..., Sebastian Fath/Contemporary,
Mannheim
Was wäre ich ohne dich..., city gallery
prague, Prag
Color Based Paintings II, 15 Jahre Galerie
Bergner+Job, Mainz

2007 *7. Velada de Santa Lucía,* Maracaibo
Paint it Blue, Neues Museum Weserburg,
Bremen
Colorado", Dirk Rathke, Rolf Rose, gkg,
Gesellschaft für Kunst und Gestaltung e.V.,
Bonn
Kunst verein(t), Jubiläumsausstellung, 20
Jahre Kunstverein Kehdingen, Freiburg/Elbe
Weltempfänger, 10 Jahre Galerie der
Gegenwart, Hamburg

2007/8 *Color Based Paintings III,* Galerie
Bergner+Job, Mainz